近代史の教訓　目次

第一章 人間を中心に歴史をつかむ

第二章 吉田松陰 ――この国の未来を守るための戦略

第三章 岩倉具視と大久保利通 ――近代日本を生み出すための謀略

第十章　児玉源太郎（後編）
――日露戦争勝利を導いた男のもう一つの戦い

第十一章　小村寿太郎（前編）
――日英同盟を締結させた気力と胆力

第一章

人間を中心に歴史をつかむ

戦前期の大阪府・桜井駅跡。手前は「楠公父子訣別之所 碑」（題字は乃木希典の書）。右奥に見える「明治天皇御製 碑」には「子わかれの 松のしつくに 袖ぬれて 昔をしのふ さくらゐのさと」（書は東郷平八郎）とある［提供：毎日新聞社］

日本の歴史を貫く三本の「筋」

本書は、日本の近代史における代表的な人物の系譜を辿りながら、「日本とは」「日本人とは」何かを考えていこうとするものです。この章では、まずその入り口として、私なりの日本史全体に対する見方を紹介しておきたいと思います。

日本の歴史を大きくタテに目を通して見渡したときに、はっきりとした「筋」のようなものが三つほど見えてきます。この日本の歴史を貫く三本の「筋」という視点が、まさに本書の出発点になります。

第一は、日本人特有の繊細で美的な感性です。古来日本には、現代人の目から見ても驚くような鋭い感覚に満ちた芸術作品がたくさん残されています。そうした日本人の感性は、芸術や文化の領域だけでなく、思想や道徳観、人生観にまで及び、日本の歴史を動かしてきた大切な「筋」の一つになっていると思うのです。

第二は、日本という国では、つねに政治が実用主義（プラグマティズム）で行なわれていることです。たとえば、平清盛や徳川家康という人は、権力の機微に通じた現実主義を重んじ、経済問題にも敏感に対応しました。明治以降では伊藤博文、吉田茂といった人も、彼らと同じ系譜の人間と見ることができます。彼らは、決してある特定のイデオロギーの虜《とりこ》にはならずに、目の前の現実的な課題に対して、柔軟な解決を図ることができた人たちでした。ここでは、彼らが日本特有の社会と人間を見つめる深い洞察力の持ち主だったことも忘れてはならないでしょう。

そして第三は、「日本とはこういう国である」という国家意識です。そもそも、この列島は火山噴火や地震が他国に比べて極めて多いという自然条件からしても、日本の特殊性は際立っており、それがこの国と日本人のあり方を半ば決めているようなところがあります。たとえば、大平原をひた押しに押し進んで発達したアメリカの平板な効率主義を、山あり谷ありの日本で無理押しすると、かえって非効率に陥るのは明らかです。

かつてどの時代の日本人も、各時代で少しずつ小さな違いはあっても、一貫した国家意識というものを共通してもっていました。昭和の戦争に入っていく時期は、それをことさらに振り回しすぎた感がありますが、逆に戦後はまったく触れられなくなっています。そのため戦後生まれの日本人は、学校の歴史教育で「日本とは何か」、という日本観や国家観について教えられることがなくなり、大人になって自分の国についての基本的な知識が欠落しているということを、いま多くの人が切実に感じはじめています。

それゆえでしょうか、「この国はどんな国か」という問いかけの波が、最近では自然発生的に起こるようになっています。それはある意味で、今ほど日本人の精神の核（アイデンティティ）が求められている時代はないからです。〝グローバル社会〟と耳にたこができるほどいわれる国際化の時代だからこそ、「日本とは、日本人とは、何なのか」を、自分の胸の中にしっかり刻みつけておく必要が一層強く感じられるようになってきているのです。

その方法としてまさに最適なのが、人間を中心にこの国の歴史をつかんでいくことです。日本という国は、抽象的な概念や制度で動く国ではありません。あくまで具体的な人間が主役として歴史を動かしてゆく国です。そこではトータルな人間性、あるいは徹頭徹尾、生身の人間が中心となって時代をつくってゆきます。

そして人は誰でも、ある一定の年齢に達すれば、一つのことについて「専門家」になります。何の専門家かといえば、それは人間を理解する専門家です。難しい専門のことはよくわからないけど、人間のことは知っている。それでいいのです。

人間を見る目がそこそこあれば、歴史はわかってきます。具体的な「人間」という単位から、世の中とか歴史を見てゆけば、歴史はより深く、しかも肌身に近い感覚で理解できるようになるからです。ですから、本書はわれわれ誰もが共有している専門知識というべき、「人間」を見るときの視線を中心に話を進めていきたいと考えています。

日本史の「結節点」とは

そこで大事なことは、歴史は「大きくつかむ」ことが何より重要だということです。

もちろん、時には細部（ディテール）にこだわることも大切であり、それを無視して歴史を語っていくと別物になってしまう危険があります。とはいえ、この国の自画像を求めて、歴史の中にいつの時代も「一貫するもの」を見る場合には、どうしても歴史を「大きくつかむ」ことが必要になってくるのです。

とくに、歴史には後世に重大な影響を与えた、という意味でのいくつかのポイントとなる「結節点」というものがあります。歴史を大きく見ようとするとき、この「結節点」を押さえていくことが大切です。

まず、この国の成り立ちを考えるには、やはり建国の神話を知ることが不可欠です。それこそ、神話には先ほど示した日本史における三つの「筋」がすべて盛り込まれているからです。ところが戦後の学校教育では、神話について教えられる機会がほとんどなくなってしまいました。

しかし、今さら、それが本当にあったこと、つまり史実だと思う人はいないでしょう。神話はいうまでもなく、史実ではありません。にもかかわらず、神話をよく知るようになると、「あっ、日本って、こんな国なんだ。日本人って、今でもそんなところがあるな」という感覚がわかってきます。つまり、この列島の「人間」と文化を理解する一番の早道、それが神話なのです。

次の日本史の「結節点」は、七世紀頃の古代史です。

六〇七年、聖徳太子は小野妹子を使者として「日出《い》づる処《ところ》の天子」で始まる有名な国書を隋に送りました。このとき、「仏教立国」を国策とした太子は、中華王朝との関係においても仏教という普遍的原理を前面に押し出すことによって、中国皇帝の臣下としてではなく、対等な立場での外交を可能としました。仏教はインドで生まれたもので、中国のものでも日本のものでもない。いわば、当時の東アジア世界全体に広がっていた普遍的な教えだったわけです。中国とのつき合いでつねに大切なことは、日中双方の立場を超える世界的な原則を前面に掲げることで、対等の地位を確保することが初めて可能となる、ということです。聖徳太子は、このことをよく知っていたと思われます。

また太子のこの国書こそ、日本という国の代表的な自画像としてその後、千年以上にわたり日本の歴史の流れを決定づけました。このとき、日本は「国家意識」として中華世界から完全に自立し、明確にそこから離脱して、天皇を中心とした自己完結的な政治共同体になっていくわけです。

さらに、六四五年から始まった「大化の改新」により、日本は律令国家としての体裁を整え、天智・天武天皇の時代には、官位制度や公地公民制など、政治や経済におけるこの国の基礎部分はほぼ完成するに至りました。したがって七世紀の日本を見れば、この国のかたちというものがだいぶ見えてくるのです。

それに続く奈良時代、つまり八世紀以降の歴史は、それまでにできあがっていた国のかたちがむしろ徐々に壊れていく時代に入っていきます。そう聞くと、不思議に思われる人もあるでしょう。しかし、これが「歴史を大きく見る」視点なのです。

奈良時代以降、一番大きな点は、税収アップを図るために開墾地の私有を認めたことで、公地公民制の原則が崩れ、貴族・寺院や地方豪族たちが私有地（荘園）の拡大をどんどん進めたことです。ちょうど現代との関連でいえば、国民に必要な道路をつくるための税金が利権化して、無駄なものまでつくってしまうようなものです。いずれどこかで、それは清算されねばならないでしょうが、それまでは「崩れ」の時代が続くのです。

これは現代の日本を見たほうがよくわかりますが、日本人というのは平和な時代が続く中でちょっとモラルが緩んできたなと思ったら、あとは一気に堕落し、腐敗とマンネリズムが進む傾向があります。そして、もう一度まったく新しく国のあり方をつくり直さなければいけない、というところまで壊れていくのです。そしてそのとき「反転」の時代が始まり、この国の歴史が再び活力を甦らせて時代を切り拓いてゆくのです。

とはいえ、新しい国づくりといっても、それまでまったくこの国にはなかったものを、頭の中だけで考え出していくわけではありません。やはり、それはかつてこの国の歴史の中にあったものから、ある理想なり、原則を意識的に取り出して、活力の再生を図っていくわけです。これこそがわが国の「歴史のリズム」といえるのです。

「上手な政治」か「正しい政治」か？

聖徳太子や天武天皇の七世紀に次いで、日本史の「結節点」を考えるときに、次の極めて重要な時代は、十四世紀の南北朝時代です。日本の歴史界では中世は語られることの少ない時代ですが、南北朝時代についても、一般に今の日本人はごく浅薄な知識しかもっていないのではないでしょうか。これもやはり、戦後に、日本の歴史の教え方が大きく変わったためです。

七十年の長きにわたった南北朝動乱の原因は、表面的には足利尊氏による幕府が運営する政治と、後醍醐天皇による天皇親政（「建武の親政」）との対立のように思われがちです。しかしその背後には、「上手な政治」と「正しい政治」のぶつかり合いというこの国のあり方をめぐる本質的な問題があったのです。

足利尊氏による「上手な政治」とは、先ほどいいました荘園という私有地を幕府支配のために「利権」として配下の武士たちに分配し、いわば「親分・子分」の関係をつくり出すことによって、「得だから」といった、私的な動機を権力への服従に結びつけて、それを社会秩序の核心に据えるやり方です。尊氏は、地方豪族の要求に応えて世の中をうまく治めるだけで、この国は秩序と安定が得られると考えました。いわば「うまくさえやれば、世の中は治まる」と考える政治のやり方です。

一方、後醍醐天皇がめざした「正しい政治」とは、本来日本の土地と人民は公（天皇）のものなのに、地方豪族が勝手に私有地を広げ、民を自分の召使いにしているのはおかしい。もう一度、公地公民の原則に返り、正義に基づく政治を行なうべきだ、という主張でした。

ここで重要なことは、こうした南北朝時代における「上手な政治」か「正しい政治」かという争いは、このあと論争というかたちで幕末・明治維新まで延々と語り継がれていったことです。

江戸時代後期になると、この論争は南朝（つまり「正しい政治」派）と北朝（つまり「上手な政治」派）のどちらの皇統が正統だったのかという、より観念的なものになり（「南北朝正閏《せいじゅん》論争」）、それは明治後半になっても続きました。そこで、なんと元老の山県有朋《やまがたありとも》が明治天皇に直接、どちらが正統かを質問する挙に出たのです。実は、南朝の系譜は室町時代に途絶えていますから、明治天皇も北朝の系譜に連なる方でした。にもかかわらず、明治四十四年（一九一一）、明治天皇は「南朝が正統」との裁断を下されました。これは、日本という国は、「正しい政治」をより大切にしなければいけない、という明治天皇の意思表示だったと思います。

興味深いことに、南北朝の動乱を舞台にした軍記物の『太平記』は、十四世紀以降、日本の歴史を通じて、どの時代においても非常に幅広く日本人に読まれました。よく西洋史における最大のベストセラーは『聖書』だといわれますが、日本の場合これにあたるのは、部数でいえば圧倒的に『太平記』なのです。

とくに江戸時代に入りますと、木版印刷が普及したことによって、ほぼ十年おきぐらいにいわば『太平記』ブームが起こります。要するに、『太平記』は第二次大戦まで、六百年間ずっと一貫して日本人が一番よく読みつづけ、そこからこの国の自画像を刻みつけていった教養の宝庫だったわけです。

その『太平記』における最大の英雄が、南朝方の楠木正成《くすのきまさしげ》です。軍事と戦略の天才であった正成は千早《ちはや》城に籠って敵軍を翻弄し、鎌倉幕府打倒の端緒を切り拓きます。しかし、「建武の親政」によって生まれた後醍醐天皇の新しい朝廷に反旗を翻した足利尊氏の大軍が九州より京に押し寄せると、正成は京都盆地に敵を誘い込んで足利軍の全滅を図る戦略を提言し、後醍醐天皇に比叡山へ避難のための行幸を進言しますが容れられず、「もはやこれまで」と死を覚悟して兵庫「湊川の戦い」に出陣し、圧倒的な尊氏の大軍に正面から戦いを挑んで玉砕し、弟の正季《まさすえ》と刺し違えて自刃しました。

この「湊川の戦い」は、『太平記』でも「無謀な作戦」とされ、とくに稀代の戦略家であった正成にはそのことはよくわかっていました。しかし、いったん天皇の命令が下された以上、従容として湊川へ赴きます。その途上で、息子正行《まさつら》と最後の言葉を交わす有名な「桜井の訣《わか》れ」の場面があるのです。「忠臣蔵」などと同様、この場面は何百年もの間、日本人に語り継がれて、どの時代にもつねに日本人の涙を誘ってきた日本史上の名場面の一つです。

正成は正行に対して、この無謀な戦いを命じた天皇をお怨み申し上げる気持ちが起きたら、「そのときは天照大神の御名《みな》を唱えよ」と諭します。つまり、天皇は神の子孫であることを思い起こしなさい、ということです。親子の情愛、天皇への忠義の大切さとともに、つねにこの国をつくった神様を意識することで、「日本という国」の国家像と日本人の生き方というものが、わかりやすく伝わってくる話になっているわけです。この正成の「日本観」というものは、戦後の歴史家がいうように明治政府が創作した話でも何でもなく、『太平記』を読みついできた日本人の多くが一貫して共有してきたものです。そしてそれは、吉田松陰や坂本龍馬といった幕末の志士たちにも深い感動を呼び起こし、維新へ向かう行動の源泉ともなりました。

つまり、日本の歴史をタテに貫く「大きな筋」が、ここにあるわけです。

日本人のあるべき生き方

注意すべきは、『太平記』が何も天皇賛美一辺倒の書ではないことです。むしろ、後醍醐天皇の政治がいかに拙劣だったか、つまり「正しい政治」ではあったかもしれないが、決して「上手な政治」ではなかったことを繰り返し批判しています。

また、正成と並んで南朝方の代表的忠臣である北畠親房《きたばたけちかふさ》が著わした『神皇正統記《じんのうしょうとうき》』にも、同様の記述が見られます。「大日本は神国なり」で始まる本書は、戦後、ＧＨＱ（連合国軍最高司令官総司令部）により、「軍国主義をもたらした皇国史観」の教条的なテキストとされて禁書扱いされましたが、内容は決して観念論ではなく、柔軟な政治論で貫かれています。そして親房は、天皇が直接政治を行なうのではなく、天皇が武士を統率して政治を行なうのが「正しい政治」であり、また同時に「上手な政治」でもあると説いているのです。

また、「忠義」だけでなく「戦略」の大切さを重視した楠木正成も、「正しい政治」とともに「上手な政治」を天皇に求めていたのですが、それが叶えられない以上、二者択一を迫られたとき、あえて「正しい政治」に殉じたのです。

以後何百年にわたり、その「人としての決断」と「節度ある姿」に日本人は感動し、あるべき人間の生き方を見てきました。ただ、昭和十年代の戦中期に、天皇の命令という「大義」に殉じる生き方だけがあまりにも強調されてしまい、戦後の楠木正成像もひどく歪んだ英雄像になっています。

しかし、今も皇居前広場に、あの馬に乗った武者姿の楠木正成像（高村光雲作）が残っているのは、戦後の日本人でさえ、楠木正成を日本史上の最大の英雄と考えていたからではないでしょうか。

少なくとも、これからわれわれが見てゆく、近代日本をつくり出し、支え、そして再生させてきた多くの日本人にとって、圧倒的に大きな影響を与えた歴史上の人物は楠木正成だった、ということは今日の日本人もよく知っておくべきだと思います。

日本史上、この「正しい政治」と「上手な政治」の両方を立てて、いかに一つの体系と成しうるか、多くの日本人は、そのことを国のあり方を考えるときの一番大切な目標としてきました。そして、このような営みを追求し、幕末日本の危機を乗り越えようとした人がいます。吉田松陰です。

松陰はこれまで、「至誠の人」と表現されるように、単に精神の純粋性と強い使命感、責任感を有した人として広く知られ、尊敬されてきました。けれども松陰は、この日本という国が激しい国際環境にもまれた幕末という時代に、日本の存立のための戦略の大切さを同時に鋭く考えていた人だったのです。私はこの松陰こそ、楠木正成の生き方を受け継いだ人だったと考えています。

現在の日本も、国のあり方を根底から考え直さなければいけない時代に来ています。「これからの日本」という大きな国家戦略を考えるとき、深い使命感（正しい政治）と戦略的な思考（上手な政治）が何より問われる時代が到来しているのです。まさにそのような点で貴重な示唆を与えてくれる先人として、次の章では吉田松陰について詳しく見ていきたいと思います。

第二章

吉田松陰
——この国の未来を守るための戦略

吉田松陰［所蔵：国会図書館］

近代日本をつくった人

歴史を見るときに大切なことは、前にもいったように、いわゆる「結節の時代」をよく知ることです。ではそれは、具体的にどんな時代なのでしょうか。大人物が次々と輩出される時代、それこそが「結節の時代」なのです。まさに時代が人物をつくるからです。

日本を知る上で最後に重要な「結節の時代」は、いうまでもなく幕末維新でしょう。日本が欧米列強の強い圧力にさらされ、大きくもまれつつ、新しい時代を懸命に模索した激動期です。これは聖徳太子の時代や楠木正成の時代と並ぶ、紛れもない日本史の一大「結節点」です。

その「結節点」において、吉田松陰ほど重要な存在はいません。それは、この国を動かす根本の力が「モノ」ではなく心、すなわち教育によってつくられる「人間」とその「こころ」にこそあることを、劇的に示した人物だからです。

松陰が萩の松下村塾において教育に携わったのはほんの数年にすぎず、しかも松陰自身は明治維新（一八六八）の九年も前に、三十歳（数え年）という若さで亡くなっています。しかし、彼の村塾からは高杉晋作、久坂玄瑞《くさかげんずい》、伊藤博文、山県有朋、品川弥二郎《やじろう》、山田顕義《あきよし》といった錚々たる若き志士たちが育ちました。そして彼らがそののち、わずか数年で幕府を倒し、新しい近代国家・日本を築き上げていったのです。その意味では松陰こそ、「近代日本」をつくった人といえるのではないでしょうか。

ここで重要な点は、松陰が、彼の生まれる少し前の、ちょうど彼にとっての「師」にあたる世代の問題意識を引き継ぎ、それを噛み砕いて、さらに次の世代に渡す役割を果たした人だったことです。それだけに、松陰について考える際には、彼の「師」にあたる世代がどんな時代を生き、日本にすでにどんな新しい時代精神や思想の流れが生まれていたのかを知ることが大切です。吉田松陰といえども、突然世に現われた絶世の思想家ではなかったからです。

この章では、江戸時代後期から幕末まで続く歴史をタテに貫く「筋」をまず押さえた上で、私なりの吉田松陰像について語っていきましょう。

内憂外患の時代の到来

幕末に登場する主要人物の誕生年を調べていくと、一つの興味深い現象に気づきます。長州藩の吉田松陰をはじめ、木戸孝允《たかよし》、高杉晋作、また薩摩藩の西郷隆盛、大久保利通、小松帯刀《たてわき》。あるいは土佐の坂本龍馬など、明治維新の牽引役となった若い志士たちの多く（志士の世代）が、一八三〇年（文政十三年／天保元年）前後の生まれと不思議と一致しているのです。松陰も松下村塾では先生の立場でしたが、実は教え子の志士たちとあまり年齢差はありませんでした。

一方、佐久間象山《しょうざん》や横井小楠《しょうなん》、緒方洪庵《こうあん》など、松陰ら志士たちの「師」にあたる世代は、これまた一八一〇年（文化七年）前後の生まれに集中しています。なお、松陰を手塩にかけて薫陶し育てた玉木文之進《ぶんのしん》は、まさに一八一〇年の生まれでした。

歴史が世代をつくり、また世代が歴史をつくってゆく、といわれます。大学の教員として長年、学生を教えてきた立場からすれば、これは単なる偶然とは思えません。この両者の二十年という年齢差は、弟子が師と張り合ったり、反発しないほどには離れており、また師が弟子に変に甘くならないほどには接近しているという意味で、絶妙の組み合わせではなかったかと思います。こうして見ると、松陰という人は自らの世代を教育しえた稀有の教育者だったといえるでしょう。

では、幕末の「志士の世代」が、その「師の世代」から受け継いだ問題意識とは何だったのでしょうか。

象山や小楠が生まれ育った一八一〇～二〇年代は「文化・文政」時代と呼ばれ、江戸の都市文化が爛熟期を迎えた頃でした。しかし、表面上の繁栄の陰で、心ある思想家や武士たちは、その前の天明・寛政の時代から持ち越してきた「内憂外患」の危機的状況がいつ爆発するか、つねに頭を悩ませていたのです。

たとえば、天明二年（一七八二）から始まった「天明の大飢饉」は、幕府が有効な手立てを打たなかったために民衆の怒りが爆発して、全国で百姓一揆や打ち壊しが発生。当時の幕閣《ばっかく》に大きな衝撃を与えました。

一方、その頃から、幕府に失望した人々の期待は朝廷に向かいます。天明七年（一七八七）、光格天皇の在位中、御所の築地塀《ついじべい》の周りを毎日数万の人が何度も巡り歩く「御所千度参り」という出来事が起こりました。未曾有の自然災害に苦しんだ民衆は生活苦からの解放を求め、突如として、天皇が「神の子孫」であることを神話、つまり「民族の記憶」の中から思い起こして、天皇とこの国の神々に対し、かつてない切実な祈りを捧げたのです。一方、武士やインテリの間では、日本古来の「尊王」精神が、すでに幕末に先立つこと半世紀前のこの頃から、再び高まりを見せはじめていたのです。

それから、寛政四年（一七九二）、ロシア使節のラクスマンが根室に来航して通商を要求したのを手始めに、日本近海に列強の異国船が相次いで出没するようになります。

従来の鎖国という幕府の対外方針は、大きく動揺しました。

時の老中松平定信は、伊豆や相模の海岸を視察する一方、諸藩に江戸湾や蝦夷《えぞ》地の防衛強化を命じ、以後、数十年にわたって、日本は「西洋の脅威」というものに対して延々と危機意識を抱きつづけることになります。

つまり、もし嘉永六年（一八五三）のペリー来航によって日本人が突如として「西洋の脅威」に気づき、初めて近代化の必要性に目覚めた、と考える人がいるならば、それは今すぐ改めるべき誤解だということです。ペリーの来航は、いわば「最後のトドメ」だったのです。

当然、佐久間象山をはじめとする松陰の先生、つまり「志士たちの師」にあたる世代は、こうした天明・寛政時代に生じた日本の新しい問題に対処するための方策を、ペリー以前から差し迫って考えていました。またそうせざるをえない巡り合わせの世代だった、ということができるでしょう。

幸いなことに、彼らが育った「文化・文政」時代は、日本人の文化・思想レベルが江戸時代を通じて最高潮に達していました。彼らは東洋だけでなく、西洋の国のあり方や最新技術に関する知識も難なく消化し、次々と自分のものにしていくクールな能力にも優れた、いわば幕末の〝新人類〟だったのです。

そして、松陰たち「志士の世代」は、そうした〝新人類〟世代の知的蓄積を吸収しながら、次の時代の大課題となった「この国の独立と尊厳を守る」ために行動しようとするとき、何が一番大切なのかをホットに考え、それをストレートに行動につなげていった「さらなる新世代」に属していた人々なのです。つまり、日本があの未曾有の危機に直面して、幕末維新を切り拓くためには、二世代にわたる準備が必要だったということです。今日、気楽に「平成維新」が必要、と口にする人がいますが、まさに「維新は一日にして成らず」ということを知る必要があるでしょう。

「兵学者・松陰」という視点

ところで、これまで松陰というと、もっぱら思想家や教育者としての面から語られることが多かったと思います。けれども、ふつう偉大な人物というのは、たいへんに多面的な本質、つまり多くの顔をもっています。そのうちの「どの顔」を重視するか。それは見る人やその時代の課題によって決まってくるのです。

そもそも、軍事戦略の学問である山鹿流兵学を家学とする吉田家の跡取りとして鍛えられた松陰は、「西洋の脅威」によって日本が国家的な危機に瀕していた時代に、何よりも、わが国存立のための「国家戦略」を兵学者として具体的に考え抜いた人でした。この「兵学者・松陰」像こそ、彼の思想を考える際の原点であるべきだ、というのが私の松陰解釈です。

天保年間の最初の年、つまり一八三〇年に生まれた松陰が、天保十一年（一八四〇）、わずか十一歳で藩主の前で兵法について講義するほどの天才少年だったことは有名ですが、同じ頃、「アヘン戦争始まる」の報にも接しています。そして兵学者であったからこそ、彼は誰よりも、この身近に迫った「西洋の脅威」を重く受け止めました。

兵学修業時代の前期において、松陰は、家学の山鹿流以外にも積極的に他流の兵学を学び、とくに長沼流の山田亦介《またすけ》（一八〇九年生まれ）に入門して西洋陣法や海防兵制について教わったことは、大きな刺激になりました。亦介は、近頃、西洋列強が東洋をしきりに侵略し、さらに琉球や長崎までその矛先を伸ばしてきているので、防御策を講じることが急務だと、繰り返し松陰に説いたのです。

そして修業時代の後期には、藩の外に出て、諸藩の士や思想家たちと交流し、とくに西洋の科学技術や時勢に対する見識について熱心に学ぶことになります。松陰が「当今の豪傑、都下（江戸第一の）一人」と称した佐久間象山（一八一一年生まれ）に師事したのもこの頃でした。

ただし、その頃の志士によくあったような、全国を渡り歩き有識者との交流を第一義としていたわけではありません。北は津軽半島から西は九州の平戸まで、彼が諸国を歩いたのは、兵学者として、「日本はどこから攻められると最も危ないか」を調べておく必要がある、と考えたからでした。そして、すでにペリー来航の前年までに、松陰は日本全国の国防状況について実地調査を終えていたのです。

この頃の松陰は、公的には長州藩の末席に連なる一介の藩士であり、もちろん国防の任にあたるべき幕府の要人ではありません。今でいえば二十代前半の「一民間人」あるいは市井《しせい》の知識人にすぎません。にもかかわらず、彼が諸国を巡り歩き、日本という国の海防策を真剣に考える行動をとったのは、明らかに一長州藩士という意識を超えて、「一人の日本人としての責務」から日本の将来を考える、という「偉大なるボランティア精神」のなせる業だった、といってもよいでしょう。

最終的に達した結論とは

「自分が日本の国の存立を担わなければならない」という「明確なボランティア意識」に燃えた兵学者、つまり「国防問題の研究者」としての松陰が立てた国家戦略は、「尊王攘夷」です。

　ここで大切なのは、彼のスローガンである尊王攘夷が、世上思われているところの「日本は神の国であり、どんな夷狄《いてき》も入れてはいけない」というのとはまったく違うということです。それは、松陰の次の言葉が示しています。

「始めに勤皇ありての攘夷にあらず。攘夷なるがゆえに勤皇たらざるべからず」

　すなわち、あくまで攘夷（日本の独立主権の擁護）を行なうための勤皇（尊王）なのであり、最初に尊王という絶対的立場があるのではない。攘夷、今の言葉でいうならば国防対策、安全保障のための「国家戦略」としての尊王である、ということなのです。

「西洋の脅威」に対抗するためには、今のような幕藩体制（封建割拠）の枠組みを超えて、何よりも日本人の力を結集する必要がある。それを、天皇への忠義の名のもとに行なうのが、この国の選択であるべきだ。松陰はそう考えたのです。

　こうした「戦略としての尊王攘夷論」を掲げる松陰が、単純な「皇国史観」の持ち主や、天皇崇拝それ自体が目的の論者でなかったことは明らかでしょう。

　しかし、当時の知識人階級の中には、いや既存の知識人階級に属したがゆえに、というべきでしょうか、松陰の説く「尊王攘夷」という戦略を認めない人がいました。たとえば、朱子学者で長州の藩校・明倫館の元学頭であった山県大華《たいか》（一七八一年生まれで、松陰よりも五十歳も年長。つまり、ほぼ二世代上の人ということになる）は、松陰と次のような論争を繰り広げています。

松陰が『古事記』『日本書紀』を持ち出して日本の国体（独自な国のあり方）を強調するのに対し、大華はそんな日本中心の考えは不合理だ、もっと国際的な視野（つまり朱子学的な中華中心の世界観に基づく中国中心史観）に立った「普遍的な考え方」をすべきだ、としてそれを退けます。

また、松陰が時の幕府が西洋列強の武力に屈したかたちで開国を進めていることを嘆くのに対し、大華はそうした西洋のやり口は無礼だが、日本側に対抗できる手段がない以上、深く怒るべきではなく、「許容するより仕方があるまい」と、無責任にもいってのけたのです。

この「もの言い」は、どこかで聞いたような論法ですね。私などは、まるで「現実主義」と称する戦後知識人の一典型を見るような思いがしますが、このような退嬰《たいえい》的な現状追認の姿勢を続けていれば、その後の日本は間違いなく植民地化の歴史を辿っていたでしょう。松陰もこの大華に対して「怯懦極《きようだ》まれり」と評しています。

そもそも松陰にしても、日本が現状において西洋に武力で対抗できる、などと考えていたわけではありません。彼ほどの専門知識があれば、科学技術で圧倒的に先行する西洋の軍事力に、劣勢のわが国が今さら戦いを挑んで勝てるはずがないことはわかりきったことでした。

当然ながら、その事実を兵学者たる松陰は誰よりもよくわかっていました。そして、彼は、そのことを潔く認めた上で、そこで諦めるのではなく、さらに日本を守るための現実的で、かつ戦略的な手立てを合理的な思考で何とか突き詰めて考え抜いてゆこうとするのです。そこが、松陰の真に偉大なところだったと思います。

そして、最終的に彼が達した結論は、この国の未来を守るためには、一見、最も「迂遠」と思われるものでした。

松陰は、既存の社会の枠組みにとらわれない若者たちを集めて「教育」し、彼ら少数の自覚的分子が、「合理主義に基づいた決死の行動」を起こすことにより——これを松陰は「草莽崛起《そうもうくっき》」といいました——必ずや広範な人々がともに立ち上がり、新しい時代を迎えることができるはずだと信じたのです。

こうして安政四年（一八五七）、ここに松下村塾が誕生しました。そして、松陰の精神に感化された若者たちが、松陰の予見したとおり、大きな展望と爆発的な行動力を発揮して一気に明治維新へと突き進んでいったことは、本章の冒頭に述べたとおりです。

「西洋のモノではなく、日本人の知力と『こころ』にこの国の未来を託す。そのためには、若者の教育しかない」

幕末動乱の時代に、この一点を読み違えなかったところにこそ、私は兵学者、つまり時代を見据えた国家戦略家にして偉大な教育者・吉田松陰の真骨頂を見る思いがします。「戦略」の根本は「精神」にあり、この一点が立てば、その二つは、深く一つのものに凝集するということです。

近代国家の運営において、どの国でも最も重要なことは、「国家としての進むべき道とその方法、つまり戦略を考える立場の人間が、どれほど物事を深く考え、同時にそれがその人たちの使命感や生き方とどれほど深く結びついているか」ということです。それによって国の運命が決まってくるのです。

その意味でも、いま「これからの日本」という大きな国家戦略を考える際、「日本人のこころ」を失ってしまえばこの国は滅びる。何をおいてもこれを「再生」しなければならない、という深い使命感と結びついた松陰の戦略的思考を、われわれは思い起こす必要があるのかもしれません。

第三章

岩倉具視と大久保利通
――近代日本を生み出すための謀略

岩倉具視（左）、大久保利通（右）［所蔵：国会図書館］

歴史は「会議」で決まる

江戸時代（前近代）から明治（近代）へと日本が移行する過程で、最も「決定的な出来事」とは何だったのでしょうか。それは、歴史の核心に触れる話になります。

そもそも近代とは何か。まず押さえておかなくてはならないのが、近代とは、権力を「戦場」における勝利ではなく、あくまで「会議」の中でつかむ時代なのだということです。そこでいかなる議論が闘わされ、誰のどのような主張が通ったのか。それが、国運を左右することになります。したがって、明治維新を切り拓いたとされる「戊辰の戦い」も、実は会議の場で「錦の御旗」をとったほうが勝つに決まっていたといえましょう。

その意味で、日本の近代を告げる一番の「決定的な出来事」として、私は迷うことなく、慶応三年（一八六七）十二月九日の一連の政変劇、すなわち天皇を中心とする新政府の樹立を宣言した「王政復古の大号令」と、徳川慶喜《よしのぶ》の「辞官納地」（官位の辞任と徳川家の領地の返上を要求すること）を決めた「小御所《こごしょ》会議」を挙げたいと思います。

この政変で、文字どおり獅子奮迅の働きをしてみせたのが、公家の岩倉具視（文政八年〈一八二五〉生まれ）と薩摩藩士の大久保利通（天保元年〈一八三〇〉生まれ）でした。

二カ月前の十月十四日、徳川幕府最後の将軍慶喜から、朝廷に対し「大政奉還」の上表が行なわれました（翌日、受理）。「大政奉還」とは、字義どおりにいえば、将軍自ら統治権を朝廷に返上するということです。ところが、慶喜の思惑は別にありました。

すなわち、「大政奉還」は、あくまでかたちの上だけのことであり、実は、薩長など反徳川陣営から倒幕の名目を奪うための「政略的手段」にすぎなかったのです。慶喜は、これまで統治の経験に乏しく、財政基盤も軍事力ももたない朝廷に一国の政権を担当できる能力があるわけがなく、やがて再び徳川に政権を委ねるしかない、と踏んでいました。依然として徳川家がもっていた全国の総石高の四分の一に及ぶ四百万石の領地と、フランスの支援によって近代化を進めていた軍事力を背景に、来るべき新体制においては、実質的には強化された徳川家の支配によるフランス流の「徳川絶対王政」を慶喜は行なおうとしていたのです。当然ながら、そこでの天皇はいわば「お飾り」にすぎませんでした。

こうした「政略的手段」としての「大政奉還」に対し、「そうはさせじ」と、決死の思いを込めて大久保や岩倉がぶつけたのが、ほかならぬ「王政復古」だったのです。それは旧来の幕藩体制や門閥制度に縛られて、一部の武士階層の専制下にあった日本を根底から変革し、天皇を中心とするまったく新しい「近代国民国家」を築いていこうとするものでした。吉田松陰と同世代の大久保や岩倉も、松陰同様、燃えるような「尊王攘夷」の理念と戦略を併せ持っていました。

日本史の一大「結節点」である幕末維新の剣ヶ峰に立った日本。本章ではその最終局面となる「慶応三年」に起こった決定的な「政治の戦い」に焦点を当て、そこで岩倉と大久保の二人が果たした日本史的なスケールでの大きな役割と、その意味について見ていきたいと思います。

「四侯会議」における決裂

明治維新（一八六八）の前年にあたる慶応三年（一八六七）、日本には、それまでのペリー来航以来、足かけ十五年にわたった幕末期の諸問題を集約するかたちで、二つの大きな政治的課題が突きつけられていました。「兵庫開港問題」と「長州処理問題」です。そして、これらの案件が話し合われたのが、同年五月の京都二条城における「四侯会議」でした。これこそが、倒幕から明治維新への流れが決定的となる、幕末史の「最後の局面」の始まりとなったのです。

「四侯会議」の「四侯」とは、前越前藩主・松平慶永《よしなが》（春嶽《しゅんがく》）、薩摩藩国父の島津久光、前土佐藩主・山内容堂《ようどう》、前宇和島藩主・伊達宗城《むねなり》の四人を指します。彼らは結束して、あくまで徳川の専権を守ろうとする慶喜に対し「諸侯連合政権」への構想を抱いて論戦を挑み、いわば「オール・ジャパン」の立場から何とか穏便に幕末の政局をリードしようとしたのですが、徳川の専権に固執する慶喜はまともに取り合わず、結果的に会議は空中分解してゆきます。

まず「兵庫開港問題」とは、安政五年（一八五八）の日米修好通商条約の締結以降も幕府が諸外国に延期を申し入れていた兵庫（神戸）の開港をどうするか、という問題でした。なぜ兵庫の開港がかくも大問題になるかというと、すでに開港されていた横浜など他の港と違い、「天子様のいる京都に近い」ことが特別視されたからです。そこに異国船が常駐するようなことはあってはならないという のが、当時の尊王攘夷派にとっては、いわば「常識」でした。

一方、「長州処理問題」とは、徳川幕府は元治元年（一八六四）と慶応二年（一八六六）の二度にわたって、幕府の命に叛《そむ》き攘夷を決行した長州藩に対し幕府の権威をかけ征討（長州征伐）を行なったのですが、高杉晋作や伊藤博文らの決起もあって、ついに屈服させることができなかった長州藩を、今後どう扱うかという問題でした。

そこで松平春嶽ら「四侯」が求めたのは、しゃにむに「兵庫開港」の勅許を得ようとする慶喜に対し、まず「長州処理問題」の解決を優先すべし、ということだったのですが、慶喜はこれにまったく耳を貸さず、一切譲ろうとはしませんでした。慶喜にしてみれば、諸外国との友好を保つためには、いまや兵庫の開港は避けられないと判断していたためですが、慶応三年（一八六七）五月二十三日、彼が独断で朝廷から開港の勅許を得たため、「四侯」の大いなる失望を招きました。そして彼らは相次いで領国に帰ってしまったのです。そしてこれが、慶喜と幕府の命運を決定づけることになります。

とくに、この際、薩摩の島津久光が長州藩の寛大な処分（毛利父子の復位、幕府が推進していた長州の封土削減あるいは関東転封の取り止め）を強く求めたにもかかわらず、慶喜に拒絶されたことは、薩摩藩全体を決定的に討幕に踏み切らせるきっかけとなりました。

もともと薩摩藩は、欧米列強の脅威がいよいよ高まりを見せている状況を前にして、長州再征（第二次長州征伐）という内輪もめを続けていては日本の「植民地化」の危機を招く、として「絶対反対」の姿勢を貫き、幕府の出兵要求にも応じなかった経緯がありました。その背景には、慶応二年（一八六六）一月に坂本龍馬らの仲介で結ばれていた密約「薩長同盟」があったことはいうまでもありません。にもかかわらず、あくまで長州藩の処罰を主張する慶喜に対し、大久保や西郷隆盛（文政十年〈一八二八〉生まれ）ら薩摩藩のリーダーたちをはじめ薩摩全体が、ここで最終的に徳川幕府を見限ることに決めたのです。こうして薩摩藩は、討幕実現に向けて一気に走り出していくことになりました。「日本史の結節点」がいよいよクライマックスへと向かいはじめたのです。

「政敵」後藤象二郎の登場

そのとき、朝廷工作を任された大久保利通が最も頼りにした男こそ、公家の岩倉具視でした。折しも岩倉は、慶応三年（一八六七）三月二十九日、それまでの約四年半もの長きにわたる追放処分が解除され、まだ洛中の居住は許されなかったものの、ようやく入京が許される身になっていました。同年一月の明治天皇の即位によって公卿《くぎょう》の政治犯が赦免され、岩倉も列に連なったのですが、大久保はこの岩倉を担ぎ上げて、朝廷工作に邁進していくことになります。

ちなみに、岩倉が洛中から追放されていた理由は、文久二年（一八六二）、「公武合体」を唱えて和宮《かずのみや》（孝明天皇の妹）の降嫁を推進した一件により、「尊王攘夷」の強硬論者から幕府に協力した「奸賊《かんぞく》」として弾劾されたからです。和宮は、許婚《いいなずけ》・有栖川宮熾仁親王《ありすがわのみやたるひと》から無理やり引き離されて、〝東夷《あずまえびす》〟のもとへと嫁がせられた「悲劇のプリンセス」として知られていますが、この皇女和宮降嫁の仕掛け人の一人が、実は岩倉だったのです。

このように岩倉という人は、その時々の時勢に応じて最も必要とされる「政略」をあくなき執念で追い求めるという点で、権力政治家の面目躍如たるものがあります。しかし同時に、岩倉は、今に残っている彼の建白書「済時策」や「全国合同策」からも明らかなように、一貫して王政復古による日本統一を理想として抱きつづけてきた人物であったことを忘れてはならないでしょう。

このとき、こうした岩倉ら討幕派の動きを見て危機感を強めたのが、土佐藩士の後藤象二郎（天保九年〈一八三八〉生まれ）でした。彼は薩長の武力討幕の企てを阻止する方法を必死に探るのですが、土佐を脱藩していた坂本龍馬（天保六年〈一八三五〉生まれ）から、「大政奉還」という道があることを教えられ、それを自分の考えとして山内容堂に伝えたといわれます。

もともと容堂には、土佐山内家は「徳川恩顧の家」という意識がありました。「関ヶ原の合戦」で家康に敵対した薩摩の島津家や長州の毛利家とは違い、徳川家に忠節を尽くして藩祖・山内一豊《かずとよ》が家康より土佐一国を与えられたからです。「大政奉還」により薩長の武力討幕を封じ込めることができると考えた容堂は、これを妙案として飛びつきました。

徳川家の存立を願うなら、「四侯会議」崩壊のあと、討幕派がその烽火《のろし》を上げる前に、一日でも早く慶喜に「大政奉還」を受け入れさせてしまうのが上策です。容堂の意を受けた後藤は、九月に上京し、そのための猛烈な運動を開始しました。

こうした「政敵」後藤の動きに対して、大久保らも負けているわけにはいきませんでした。同月十九日、大久保は山口で長州藩の毛利父子に会い、薩長二藩の「出兵協定」を結ぶことに成功します。さらに十月六日、大久保は松下村塾出身の品川弥二郎をともなって京都の岩倉のもとを訪れ、「秘中の秘話」、つまり、「討幕」と「王政復古」の具体的進め方について打ち合わせたといわれます。岩倉と大久保は、ついに「ルビコン川」を渡りはじめたのです。この密談こそ、「日本の近代史を切り拓いた密談」といっても過言ではないでしょう。

このとき、岩倉は国学の師・玉松操《みさお》の案による「錦の御旗」を示し、大久保らにその作成を指示しました。彼らは、いざ「王政復古」がなされて幕府軍が攻め寄せてきた際、この「錦旗《きんき》」のもとにあくまでも戦い抜く覚悟を、すでにこの時点で固めていたわけです。とすれば、「錦の御旗」を振りかざせるだけの、政治的な正当性、つまり「御前会議」での勝利こそ、一切を決めるカギだったのです。

かくして、十月十三日には「討幕の密勅」が薩摩藩に、十四日には長州藩に下されました。しかし、岩倉と大久保の協力でいよいよ武力討幕への幕が上がるかと思われた矢先に、その先手を打つ格好で、徳川慶喜が「大政奉還」の上表を朝廷に提出し、翌日受理されたのは、先ほど述べたとおりです。まさに日本は、ギリギリの岐路に立つことになりました。

こうなると、岩倉を除く公卿や薩長を除く諸侯は、「大政奉還」の名目に満足してそれ以上の変革を望まなくなります。こうして「討幕の密勅」も、いったん不発に終わったかたちとなりました。そしてその後、政局は土佐藩などが主導する「公議政体論」が一時的に台頭してくるのでした。

それは「雄藩連合」の構想に基づく、徳川を含む連合政権論ですが、実質は将軍（慶喜）を議長とする諸侯会議の拡大版で、徳川家の主導権を認める内容でした。事態はまさに土佐、つまり山内容堂や後藤が望んだとおりに推移し、歴史の車輪は再び逆転しはじめます。あくまで武力討幕をめざす岩倉や薩長両藩は、まったく孤立したかの感があったのです。

す。

「日本の一番長い日」

しかし、慶応三年（一八六七）の「維新回天」は、ここからが本番だったのです。

とくに討幕派にとって決定的に大きかったのは、十一月八日、まさに「王政復古」を目前にした絶妙のタイミングで岩倉の洛中帰住が許され、参内《さんだい》、つまり「御前会議」への列席が可能となったことです。つづく十五日には、出兵の手はずを整えるために一時薩摩に帰っていた大久保が帰京します。こうして、岩倉と大久保という二人の主役が京の都の地に出揃ったところで、いよいよ運命の十二月九日を迎えます。すなわち、十月の岩倉と大久保の密談のシナリオに沿って、慶喜から一切の権力を剝奪、天皇を中心とする新政府を築くための「王政復古」のクーデター決行の日が、十二月九日となったのです。

西郷が指揮する薩摩軍を主力とするクーデター部隊が御所の周囲を固める中、御所に参内した岩倉は、満十五歳の明治天皇の御前で決然と「王政復古」の断行を奏上します。かくて明治天皇は、岩倉が大久保や玉松操らと作成した天皇の詔《みことのり》、

「王政復古の大号令」を発布されることになりました。

これにより、将軍職をはじめとする幕府組織はもちろん、平安時代以来の摂政や関白の制度も一瞬にして「合法性」を失いました。そして、新たに総裁・議定・参与の三職が設けられ、日本建国の始めに還《かえ》って「神武創業」に基づく、天皇を中心とした新政府の樹立が宣言されたのです。

さらに同日夜、新政府最初の「御前会議」が行なわれました。「小御所会議」です。ここで「王政復古派（岩倉・大久保）」と「公議政体派（容堂・後藤）」の最後の政治的攻防が繰り広げられました。岩倉と大久保は、慶喜の「辞官納地」を強硬に主張します。慶喜の官位と徳川の領地を根こそぎ奪わない限り、薩長を除く諸藩は、いまだ徳川家を実質的な最高権力者とみなし、「王政復古」に服することはないでしょう。それだけに、これは、岩倉と大久保にとって絶対に譲れない一線でした。

むろん、徳川家の領地を奪えば、多くの旗本たちは路頭に迷うことになり、旧幕臣はこの決定に激昂することになるでしょう。しかし、そんなものは一ひねりで済む。むしろ武力討幕の格好の口実となりうる。つまり、この「非情さ」に徹しきれたという点で、岩倉と大久保には、激動期の国政にあたる人間になくてはならない「権力政治家」としての立派な資質が備わっていたのです。

しかし、この小御所会議つまり「御前会議」は予想されたとおり、紛糾を極めます。そしてそのとき、「公議政体派」の山内容堂は、このような重要な会議に慶喜が呼ばれていないのはなぜか、と岩倉たちに詰め寄り、彼らに対し「幼冲《ようちゅう》（幼いこと）の天子を擁して権柄《けんぺい》を盗もうとするものだ」と思わず決定的なひと言を口走ってしまいます。

すると、すかさず岩倉が、王政復古が成った以上、「今日の挙はすべて宸断《しんだん》（天皇の決断）によって行なわれている。幼冲の天子とは何事であるか。非礼であろう」と叱りつけたのです。

ここから、勢力の優劣が逆転してゆきます。以下の展開については、資史料によって細部の事実に若干の違いがあるため、ここでは従来から多く依拠されてきた『岩倉公実記』に沿って述べてゆきますが、所によっては『大久保利通日記』の記述も取り入れることにします。

容堂ら親慶喜派に押され気味の会議の中にあっても、まさに裂帛《れっぱく》の気合いで奮闘する岩倉を、会議の末席にいた大久保は「岩倉公堂々、論破。感伏《かんぷく》（感服）に耐えず」と書いています（松平春嶽の側近で福井藩士・中根雪江《せっこう》の手記『丁卯《ていぼう》日記』によれば、岩倉の前に、大久保が容堂への反論の口火を切ったと伝えている）。しかし、その後も、会議はさらに紛糾を続けるのでした。

この紛糾を続ける会議が休憩に入った深夜午前零時のこと。別室に控えていた西郷が現われ、岩倉らを前にして、出し抜けに「短刀一本あれば片づく」と、実に無造作にいってのけました。

これを聞いた岩倉は奮起し、「われ一呼吸の間に決せん」と再び気合いを入れ直しました。そして再び会議の場に現われた岩倉の、その凄まじい殺気に、事態を察した容堂は、「もはや、これまで」と観念し、それ以上の抗弁をやめてしまいました。ここに、岩倉や大久保が主張していた慶喜の「辞官納地」が正式に決定されたのでした。そしてついに、二百六十四年に及ぶ徳川幕府あるいは徳川家による支配の終焉を迎えることが確定し、日本は近代国家への大転換へと踏み出したのです。そしてこの会議こそが歴史の局面の決定的な転機、まさしく「維新回天」が決した瞬間だったのです。

ところで、日本近代史の中で、われわれはこれとどこか似たような光景を思い出さないでしょうか。昭和二十年（一九四五）八月九日、深夜に及んだ「御前会議」です。その席で天皇の「みこころ」を受けた鈴木貫太郎首相が、まさに身体を張って日本を終戦へと導いた、あの光景です。この国の未来を決定的にかたちづけたという点で、慶応三年（一八六七）十二月九日は、昭和二十年八月九日と同じく、「日本の一番長い日」だったといえるのではないでしょうか。

そして、この慶応三年十二月九日に発せられた「王政復古の大号令」は、やはり昭和二十年八月十五日正午の「玉音放送」と同じように、日本全国に雷鳴のように轟き、一瞬にして行き届いたといわれます。なにしろ数日後には東北の先端、陸奥《むつ》の国にまで伝わっていたといいますから、当時の通信技術を考えれば驚くべきことです。

「神武創業」を掲げた「王政復古」は、「復古」といいながらも、実は過去にモデルがあったわけではありませんでした。しかしそこには、神武天皇がこの国を新しくつくったように、明治新政府はこれからまったく新しい国づくりを行なっていくのだ、という強烈な覚悟のほどが示されています。

「王政復古の大号令」には、「近代国民国家」をめざしてこれから驀進していこうとするこの国の決断、あるいは歴史の結節点を踏み越えてゆく「日本の覚悟」がまさに表われているように思います。日本の近代は、こうして始まったのです。

第四章

伊藤博文（前編）

――現代の霞が関が模範とすべき「明治の官僚」

伊藤博文［所蔵：国会図書館］

明治の「秀吉型リーダー」

「織田（信長）がつき　羽柴（秀吉）がこねし天下餅　すわりしままに食ふは徳川（家康）」

改革期に現われる日本型リーダーの典型を象徴的に語ったものとして、有名な言葉です。比類なき先見性と合理主義を武器に敵を次々となぎ倒し、旧秩序の一大変革に挑んだ戦国の革命児・信長。明晰な頭脳と卓越した人心掌握術を駆使して、信長から継承した天下統一事業を発展させていった偉大なるプラグマティストというべき秀吉。そして、一見守勢に立たされながらも、恐ろしいほどの忍耐力と計算高さで最終的に天下をまとめ上げた日本型保守の一典型である家康。三次々とバトンタッチしていった同時代のリーダー像がここまではっきり異なるタイプに分かれるというのは、世界史的にみても珍しいことでしょう。

さて、幕藩体制を打倒した木戸孝允や大久保利通といった明治維新の立役者たちの跡を受け継ぎ、日本を欧米列強に負けない近代国家へと導いていったのが伊藤博文です。彼は、明らかに「秀吉型リーダー」であったといえるでしょう。愛嬌があって、いつも明朗。多少の困難に対しては、めげるどころか、かえって闘志を燃やすところは秀吉とそっくりで、涙もろい性格も似ています。

伊藤といえば、初代首相の就任や帝国憲法の制定、立憲政友会の旗揚げなどがよく知られていますが、維新の幕が開けて間もない明治四年（一八七一）、大蔵省の一官僚（租税頭）として中央財政の確立に挑み、それが「明治日本の興隆」につながった点も、忘れてはならない彼の功績の一つです。

講和交渉の名手

「百姓から身を起こして天下を取った」と、実際に明治の人々は、伊藤をしばしば秀吉になぞらえていました。人々は伊藤に、「明治国家の立身出世を体現したモデル」を見たのです。

天保十二年（一八四一）、伊藤は長州藩内の周防国《すおう》（山口県南東部）の百姓・林十蔵の子として生まれました。

嘉永七年（一八五四）、父十蔵が長州藩の軽輩（中間《ちゅうげん》、武家の召使いのこと）・伊藤直右衛門の養子となったため、武士としては最下級の身分（卒分）ながら、長州藩士の末端に連なることになります。

さらに安政四年（一八五七）、長州藩士・来原良蔵《くるはらりょうぞう》の導きにより、吉田松陰の松下村塾に入門。ここで熱烈な「尊王攘夷」思想を学び、多くの同志と交わることになるのです。しかし同時に、師の松陰は若き日の彼を「中々の周旋家《しゅうせんか》（実際的な政治家）になりそうな」と評したそうです。炯眼《けいがん》というべきでしょう。

松陰門下で、当時の伊藤が兄貴分として慕い、ほとんど心酔までしていたのが、幕末期の「信長型リーダー」といえる高杉晋作でした。博文という名も、晋作が『論語』の「博約を以って文をなす」から引いて、名づけてくれたものでした。

幕末期の伊藤が、かなり過激な「尊王攘夷」の活動家であったことは、日露開戦や韓国併合を最後まで避けようとした後年の姿からすると、かなり意外に感じられます。

たとえば、文久二年（一八六二）十二月、伊藤は晋作が結成した御楯《みたて》組の一員として品川御殿山の英国公使館焼き討ちに参加。さらに同月、御楯組同志の山尾庸三《ようぞう》（のち工部卿、法制局長官など歴任）とともに、国学者・塙《はなわ》次郎（江戸後期の国学者、『群書類従』を刊行した塙保己一《ほきいち》の子）を暗殺しています。これは、孝明天皇の廃位をもくろむ幕府の依頼により、塙が天皇廃位の先例を調べているという〝噂〟を信じたためですが、それはまったくの誤解にすぎませんでした。しかし、長州藩内ではこれらの働きが認められ、伊藤はそれまでの卒分から士分（一代限り）に取り立てられることになります。

当時の彼が「尊王攘夷」運動に邁進したのは、松下村塾出身者としてその大義を真摯に信じていたこともあったでしょうが、同時にそれを藩内における「出世」の糸口にしたかったからではないか、とも思います。若年の秀吉も、やはり、信長に認めてもらいたいという一心で、自ら死地に入ることをいといませんでした。伊藤も同様に、最底辺にありながらも強い上昇志向をもって、突出した必死の働きを成し遂げることにより、己の力量を周囲に認めさせたかったのでしょう。結果的にそうした懸命さは、伊藤という男に単なる計算だけでは切り拓けない「決断のダイナミズム」を身につけさせ、そのことがリーダーとしての大きな成長という果実を、若い伊藤の中に育んでいったのです。

文久三年（一八六三）五月、彼はイギリス人からいわゆる「長州ファイブ」と称されたグループの一員として、イギリスへ密留学するために横浜を出航しました。イギリスで最新の文明を目の当たりにした伊藤は、すぐに攘夷論を捨てて、即座に開国論へ転換します。この柔軟さも、伊藤の面目躍如といったところでしょう。ただしそれは、幕府の進める列強の武力に屈したかたちの「弱さゆえの開国」ではなく、国を開くことで日本が富強（富国強兵）を身につけ、その上で万国に対峙して真の独立を勝ち取る、という「攘夷」つまり真の対等に基づく開国であったことは注意すべきです。

そのイギリス滞在中、『ロンドン・タイムズ』を読んで長州藩の攘夷決行と、列強による報復が間近に迫っていることを知った伊藤は、元治元年（一八六四）六月に急遽、帰国。まさに四国連合艦隊との「下関戦争」勃発の直前でした。彼は攘夷決行派の憤激を買いながらも、命懸けで自重論を説きますが、それも虚しく戦争が始まってしまいます。しかし、なおも伊藤は「早期講和」の実現に奔走し、実際に講和交渉が始まると、下級武士でありながら使節の一員（通訳）として活躍、その「講和交渉の名手ぶり」はイギリス側からも評価されるに至ります。

　後年の日露戦争時において、伊藤は開戦と同時に側近の金子堅太郎をアメリカに派遣し、ルーズベルト大統領に和平の仲介を依頼させ、「早期講和」の実現を図っています。いつの時代も、戦争と同時に必ず講和・収拾を考えるのは、国家指導者にとってたいへん重要な資質です。下関戦争時の伊藤はわずか二十四歳（数え年）ながら、その資質を十分に発揮していたという点で、栴檀《せんだん》は双葉《ふたば》より芳《かんば》し、というべきでしょう。

　その後、長州藩は幕府による「第一次長州征伐」を受けて、恭順派が支配するところになりますが、同年十二月、幕府に対する主戦論を唱えていた高杉晋作が長府《ちょうふ》の功山寺《こうざんじ》において、藩の主流派に対し武装決起。従う者わずか八十名の中に、奇兵隊と同じ諸隊の一つ、力士隊を率いる伊藤の姿がありました。最後まで晋作を信じ、ともに死んでみせる覚悟だったのでしょう。松陰の遺志に殉じ、本当に命を懸ける決断だったことは間違いありません。

　晋作らの命懸けの決起は成功し、萩の藩政府から恭順派を一掃。さらに慶応二年（一八六六）六月、「第二次長州征伐」の軍を起こして藩内に攻め入ってきた幕府軍を、高杉らの奇兵隊などの諸隊が各地で破り、ここに「倒幕」への流れを一気に加速させることになりました。

しかし実は、長州軍大勝利の陰には、伊藤の隠れた働きがありました。前年秋、伊藤は長崎のグラバー商会から、ミニエー銃四千挺を買い入れていました。最新式の銃で装備した近代長州軍の前に、旧式装備の幕府軍はなす術もなく敗れたのです。伊藤が当時世界でも最新の銃をこれほど多数買い入れることができたのは、下関戦争の講和交渉以降に培われた、長崎のグラバー商会やその母体である上海のジャーディン・マセソン商会といったアジアにおける「イギリス人脈」の賜物にほかなりませんでした。

その後、慶応三年十二月、「王政復古の大号令」とそれに続く「小御所会議」により徳川の世は終わり、日本の近代が本格的にスタートしたのは、前章で見たとおりです。

翌慶応四年〈一八六八〉九月、明治に改元)、当時の伊藤は、まだ長州閥の一幹部にすぎない扱いでしたが、一月、神戸で起きた外国人銃撃事件（神戸事件）を解決し、新政府での「出世」の糸口をつかみます。英公使パークスとやり合った伊藤は、ここでも「講和交渉の名手ぶり」を発揮し、列強の介入を避けつつ、事件を円満解決へと導きました。

この功績により、同年五月、伊藤は兵庫県知事に抜擢されます。その県知事時代、国家の将来を案じた伊藤は、のちの廃藩置県につながる「全国政治統一」の必要性をいち早く唱えた建白書を提出。内容が秀逸だったことから、明治新政府内における「出世」の階段をさらに足早に上っていくことになりました。

明治二年（一八六九）七月には、できたばかりの大蔵省の少輔《しょうゆう》（今でいう次官ないし官房長）に任命され、さらに八月には民部省の少輔も兼任することになりました。こうして伊藤は、国内の財政と民政を預かる官僚の事実上のトップとして、誕生したばかりの近代日本の国家的課題の解決に取り組むことになったのです。

そして翌年、最新の財政制度調査のためにアメリカを訪れます。

財政の健全性と透明性を重視

明治四年七月十四日、明治維新最大の改革である「廃藩置県」が断行されました。

これにより、すべての藩は廃止されて府県となり、知藩事（旧大名）は罷免されて東京在住を命じられ、代わって中央政府が派遣する府知事・県令が地方行政にあたることになり、ここに国内の政治的統一が完成しました。

それまで新政府は、幕府から受け継いだ限られた直轄領からの年貢徴収によって財政を支えていたのですが、それでは幕末以来の日本の一大課題であった「富国」や「強兵」を実現するには、全然お金が足りませんでした。しかし、「廃藩置県」によって税収が一挙に四倍になったことで、明治新政府はようやく諸々の開化事業に着手することができるようになったのです。

その「廃藩置県」の詔《みことのり》が発布された七月十四日、伊藤は同僚の井上馨《かおる》（長州）に次のような趣旨の手紙を書いています。

当時、国家財政を切り盛りしていたのは、「五箇条の御誓文」の起草者でもあった由利公正《ゆりきみまさ》（福井出身）でした。しかし、何の信用もないただの紙切れであった太政官札を乱発して外貨と同価で通用させようとした由利の荒っぽい財政政策を、伊藤はこのままでは「外国人に籠絡される」として強く批判します。その上で、財政のエキスパートである大隈重信を、今こそ大蔵卿に据えなければならないというのです。

すでにこのとき、佐賀藩出身の大隈は、将来薩長藩閥の強力なライバルになるとして警戒されていました。しかし、他の藩閥リーダーとは異なって、伊藤はそうした派閥的発想にとらわれません。有能とみれば手を差し伸べて、ともに国家のために「団結」を図ろうとする、広い心で現実主義に立つところが、まさに「秀吉型リーダー」である伊藤の生涯にわたる本領だったといえます。

そして、その直後、伊藤はアメリカでの実地調査を踏まえ、「大蔵省職制改革案」を明治新政府に提言しました。私はこれこそ、「明治日本の興隆」をもたらした最大要因だったと思います。

伊藤は、「廃藩置県」で四倍に増えた税収を日本の近代化のために効率的に配分・運用するためには、何よりまず「中央財政」の確立が不可欠である、と説いたのです。

その基軸となるのが大蔵省であり、伊藤はその権限強化を必死で訴えます。もし、大蔵省の権限が他省より弱ければ、一部の強力な政治家や他省庁の官僚が求めるままに国庫からの支出が行なわれ、その結果、国は直ちに放漫財政に陥って、外国につけ入るスキを与えてしまう恐れがあったからです。実際、多くのアジア諸国が近代化に失敗したのは、この「財政の健全性」が保てず、政治による介入や腐敗を制御できなかったからです。アメリカで最新の財政事情を学んだ伊藤は、その危険に気づいていました。

日本でも、明治四年の「廃藩置県」以降、飛躍的に増大した国家予算を狙って、山県有朋（長州）の陸軍省や江藤新平（佐賀）の司法省、大木喬任《たかとう》（佐賀）の文部省などが次々と過大な予算要求を突きつけましたが、大蔵省の伊藤とその志を受け継いだ若手官僚は、頑として彼らの圧力をはねつけています。近代日本では、なぜ大蔵省が、他省庁よりも一頭ぬきんでた地位を許されてきたのか。その淵源はここにあったのです。

しかし伊藤は、大蔵省の権限拡大を訴えながら、他方で省内の各局各課の責任体制と監視体制を厳密にする必要性を強力に説きます。これは、強化された職権の乱用を防ぐためで、とくに伊藤は「財政の透明性」を維持するために、出納簿《すいとうぼ》づくりに情熱を傾けました。議会政治が始まることを見越していた伊藤は、将来、議会に対して厳密な会計記録に基づく説明責任を担保できるよう、記録をきちんと残すことの大切さを考えていたからです。これもまた、大いなる卓見というべきでしょう。

勤皇の「志士」から近代国家を担う「官僚」へ——。それが大蔵省時代の伊藤でした。彼は、吉田松陰から受け継いだ燃えるような愛国心と、当時稀な国際性と開明性を兼ね備えていました。まさしく勤皇の志士出身ゆえに、強烈な国家観と柔軟な戦略的手腕を併せ持った「明治の官僚」たりえたのです。

ここには、つねに現代の霞ヶ関が模範とすべき普遍的な日本官僚の倫理《エートス》がある、といえるでしょう。

明治四年十二月、「廃藩置県」が行なわれたわずか四カ月後、岩倉具視を大使に、留学生を含めると百人を超える大使節団が欧米諸国に派遣されました。伊藤は、木戸孝允、大久保利通らとともに、副使を務めます。「廃藩置県」の政治的混乱がまだ収まらないこの時期、国家の主要な指導者が一斉に洋行するなど、世界史にも例がなく、これはまさしく日本の国全体が〝大バクチ〟に打って出た、といってもよいでしょう。これこそ、明治維新の日本が一大決心をもって「攘夷のための開国」に打って出た、実に劇的な姿といえましょう。

欧米に二度の留学経験がある伊藤は、一行のいわば先導役となりました。伊藤の案内で欧米列強の繁栄を見せつけられた明治の指導者たちは、日本も「攘夷」、つまり国家の独立を全うするために、いち早く工業を中心とした強い国づくりを行なわなければいけないことを痛感します。ここで、明治新政府の、そして近代日本の進路はほぼ決まったというべきでしょう。

第五章

伊藤博文（後編）
——世界に恥じない近代立憲国家をめざして

伊藤博文（右）。神奈川県大磯町の伊藤の別荘・滄浪閣で大隈重信と会談（1897年4月頃の撮影）
［提供：朝日新聞社／時事通信フォト］

「維新の三傑」の後継者

「わが国の国旗の中央にある赤い丸は、旭日（ライジング・サン）を象徴しています。やがて日本は世界の文明諸国に肩を並べ、この朝日のように天高く昇っていくでしょう」

明治五年（一八七二）一月、サンフランシスコに到着した岩倉使節団の副使・伊藤博文が、歓迎レセプションの席上、日本人を代表してスピーチした有名な「日の丸演説」です。

「勤皇の志士」として動乱の幕末を生き延び、当時稀な国際性と開明性を兼ね備えた伊藤は、このとき、日本を世界一流の近代国家に育て上げることを高らかに宣言したのです。

翌明治六年、欧米視察の旅を終えて帰国した伊藤は参議兼工部卿に就任。大隈重信（参議兼大蔵卿）とともに、新政府の大黒柱、大久保利通（参議兼内務卿）を支えて、「殖産興業」に邁進することになります。薩摩人らしく剛毅な性格で包容力があり、強い意志で着々と日本の近代化を進める大久保を、伊藤は大いに信頼していました。それだけに、明治十一年（一八七八）五月、大久保が紀尾井坂で旧金沢藩士族に暗殺されたとの報には大きなショックを受け、人前をはばからず大声を上げて泣いたといわれます。

すでに前年、西南戦争の最中に木戸孝允が病死。そして西郷隆盛も城山に散りました。「維新の三傑」と謳われた明治維新の立役者が相次いで世を去り、明治国家の舵取りは伊藤ら次の世代に託されることになったのです。

当時、「維新の三傑」の最も有力な後継者とみられていたのは、大隈重信でした。最古参の参議である大隈は、旧佐賀藩出身ということで、「非薩長勢力の代表格」と思われていました。もともと伊藤と大隈は、ともに開明派官僚のトップとして日本の近代化を進める「同志」の間柄でした。しかし、その二人が、次の日本の進路をめぐって、激突することになります。

当時の日本の最大の政治課題は、いつ、どのようなかたちで国会を開くかにありました。すでに明治八年（一八七五）、土佐の板垣退助を中心とする自由民権運動の盛り上がりを受け、明治政府は「漸次立憲政体樹立の詔《みことのり》」を出していました。ただし、民権派の突き上げを受けたがために、わが国は立憲政体への移行を検討するようになったというのは、あまりにも一面的な見方でしょう。

そもそも、国会を開いて、国の方向を広い意味で民主的な議論によって決める、ということは、明治元年（一八六八）三月、天皇が神明に誓う形式で公布された「五箇条の御誓文」の第一条「広ク会議ヲ興シ　万機公論ニ決スベシ」にあるとおり、明治日本の国家目標そのものでした。とはいえ、明治の最初の十年は、それまでの封建体制を脱して近代国家の基礎固めをすべき時期で、まだまだ議会政治に移行する準備はできていなかったのです。しかし、明治十年の西南戦争の終結によって、武力で国の方向を決する時代が終わり、伊藤をはじめ政府内の開明派リーダーの間では、ようやく国会を開設することが一定のコンセンサスになりつつありました。

そこで明治十二年（一八七九）、明治天皇は各参議に「国会開設」と、すでに明治九年頃から元老院で草案づくりが行なわれていた「憲法制定」について、意見書を出すように指示されました。参議たちの意見書は、明治十四年二月頃までには出揃いましたが、なぜか筆頭参議の大隈だけが提出しようとはしません。訝《いぶか》しく思った右大臣・岩倉具視が催促するに及んで、大隈はようやく意見書を提出しましたが、その内容が日本に大混乱をもたらすことになるのです。

明治十四年の政変

大隈の意見書は、一年後の明治十五年末までに国会議員選挙を行ない、明治十六年には国会を開設、選挙で多数を得た政党の閣僚によって内閣をつくるという、当時の日本人の常識からすれば極めて急進的なものでした。いうまでもなくこれは、イギリスの「議院内閣制」に倣ったものですが、実は、同時期のヨーロッパ諸国の中でも、「議院内閣制」に基づく安定した政党政治を行なっていたのは、議会政治に百数十年の歴史をもつイギリスぐらいでした。フランスやイタリアなど、他の国では議会政治をめぐって騒乱が相次ぎ、立憲政治も機能していないことが多かったのです。それをいきなり、日本でもやろう、というのですから、反対があっても当然です。

大隈の意見書に対しては、本来同じ開明派リーダーである伊藤でさえ、現実をあまりに無視した無謀な内容だとして激怒します。それだけではなく、大隈がこんなに過激な意見を述べるに及んだのは、誰かに唆《そそのか》されて、権力奪取の「クーデター」を起こそうとしているのではないか、とまで疑ったのです。

折しも、『東京横浜毎日新聞』と『郵便報知新聞』が、北海道開拓使長官・黒田清隆が同じ薩摩藩出身の政商・五代友厚が関係する会社に、開拓使の官有物（国有財産）を不当に安い値段で払い下げようとしていることを暴露報道しました。これにより、政府は世論の一斉攻撃にさらされます。この二紙は、福沢諭吉の門下生が主宰する新聞であったため、伊藤は、福沢こそが大隈を唆した張本人ではないかと疑うに至ります（現在の研究では、福沢の国会問題に対する関与は、それほどでもなかったとされています）。

今日、「明治十四年政変」と称されるこの出来事は、考えようによっては、当時の日本を西南戦争以上の「国家分裂」の危機に陥れる可能性をはらんでいました。西南戦争は一地方の士族勢力だけが蜂起した戦いでしたが、この政変は全国の民衆を巻き込んで、上から下まで日本を二分する「大騒乱」に発展する可能性があったからです。事態の収拾を図るべき立場の右大臣・岩倉が、病気（胃がん）のため関西の有馬温泉で静養中だったことも、混乱に拍車をかけました。

このとき、類稀なる胆力と調整力を発揮して、この「国家分裂」の一大危機を未然に防いだ人物こそ、明治の「秀吉型リーダー」伊藤博文でした。伊藤は、他の薩長系の参議に半ば担がれるかたちで、大隈を先頭とする反薩長勢力との政争に全力をかけて戦うことを決意します。そしてまず岩倉と謀って、大隈を明治政府から追放すると同時に、黒田清隆を説得して開拓使官有物の払い下げを中止させました。つまり、一方では強硬策に出つつ、他方では世論に妥協したわけです。このあたりのバランス感覚は見事です。さらにその押さえとして、「明治二十三年（一八九〇）に国会を開設する」という天皇の詔勅を出すことによって、民権派の国会開設要求をひとまず鎮静化することに成功しました。これが「明治十四年の政変」と呼ばれる一連の政変劇の顚末です。

従来、この政争は薩長藩閥勢力と非藩閥勢力との単なる権力争いだったかのような、ひどく矮小化された解釈が罷《まか》り通っています。しかしそこには、いつどのようなかたちで国会を開くか、さらに、それまでの間に不可欠な憲法制定をどうするのかといった、「この国のかたち」をめぐる根本的問題が横たわっていたことを見落としてはなりません。

憲法に「国体」を反映させよ

政変終息直後の明治十五年（一八八二）二月、伊藤は早速、自ら憲法や国会についての最新事情を調査すべく、ヨーロッパに向かいました。この伊藤の外遊も、「国家のために」あえて火中の栗を拾ってみせる覚悟に発するものでした。

しかし、すでに四十歳を超えていた伊藤の、必死の覚悟で決断したせっかくの海外留学も、当初は憂鬱なる毎日にすぎませんでした。というのも、「キリスト教国民だけが文明国たりうる」と信じるヨーロッパの憲法学者の中には、「東洋の野蛮な小国」が立憲政治を行なうといっても、笑ってまともに取り合わない者が少なくなかったからです。

さらに伊藤を悩ませたのは、下手に憲法を国民に与えると、それを武器に権利の拡大を求める国民と政府の対立が増える、と忠告する西欧の学者が大勢いたことです。

実際、ヨーロッパの立憲君主制は、強大な王権を憲法で制限することによって成立してきた歴史がありました。しかし、日本では天皇と民衆が対立したことなど、歴史上、一度もありません。この国の天皇は、つねに民を慈しみ、その安寧を願う存在であり、これこそがこの国をこの国たらしめてきた「国体」といえるものです。そもそも、王権との対立を前提とするような憲法は、「王政復古」を明治維新の大義とする「この国のかたち」にはそぐわないものでした。

だからといって、伊藤は憲法の制定を諦めるわけにはいきませんでした。ここで思い出していただきたいのは、「王政復古」と並ぶ明治維新の大義とは何であったかということです。すなわちそれは、日本が開国することで列強と対等の強国となり、その上で「万国に対峙して真の独立を勝ち取る」という、いわゆる「開国（した上での）攘夷」でした。その第一歩は幕末に結ばれた不平等条約を改正することですが、憲法制定はそのためには不可欠な作業であると、伊藤は考えていたのです。

憲法というものに対して、伊藤が愁眉を開くきっかけになったのは、ウィーン大学の憲法学者シュタインとの出会いでした。彼は伊藤に、憲法はその国の歴史・伝統というものを体現して初めて安定的な政治の仕組みを導き出せる、ということを説きました。そして、こうした考えこそ、当時のヨーロッパでも「最新」のものとされていることを、シュタインを通じて伊藤は教えられたのです。

松下村塾で吉田松陰に「尊王論」を学んで以来、伊藤の変わらぬ理想は、「天皇を中心とする近代国家」の建設でした。伊藤はその方向性に間違いがなかった、ということをヨーロッパで確信し、「大安心を得たり」という心境に達するのです。それは同時に、「欽定憲法」(天皇が国民に授けた憲法)という明治憲法の大方針が決まった瞬間でもありました。

「進歩的」な明治憲法

帰国後、伊藤は井上毅《こわし》、伊東巳代治《みよじ》、金子堅太郎ら若手とともに、憲法制定の準備に取りかかります。

明治十八年(一八八五)二月には、それまでの太政官制度を廃止し、憲法制定を前提とする内閣制度を設置しました。そして、わが国の初代内閣総理大臣に就任したのが、伊藤博文その人だったのはいうまでもありません。ここでも伊藤は、自ら火中の栗を拾ったのでした。

そして明治二十二年(一八八九)二月十一日、皇居内の宮殿で憲法制定の式典が行なわれ、明治天皇から時の総理大臣・黒田清隆の手に明治憲法（大日本帝国憲法）が授けられました。天皇の傍らに立つ「勤皇の志士」出身の枢密院議長・伊藤の感慨は、いかばかりであったでしょうか。

ところで戦後教育では、明治憲法は戦後の日本国憲法に比べて、民主主義の名においていかに遅れた憲法であったかということばかりが強調されがちです。しかし明治憲法は、同時期のヨーロッパ諸国の憲法と比べても遜色がないほど進歩的であったことを、伊藤と明治日本の名誉のために断っておかなければなりません。実際、自由民権派でさえ明治憲法を「おおむね良い憲法」と歓迎したことは、戦後はあまり語られなくなりましたが、事実だったのです。

たしかに明治憲法下では、天皇の軍事大権や外交大権、また首相の任命権は議会の権限外に置かれていましたが、その一方で議会による予算の決定権などは認められており、政府は衆議院の多数政党の同意がなければ、基本的に一円の増税もできず、議会の力は決して弱いものではありませんでした。この予算の議会議定権を武器に、「民党」と呼ばれた民権派は次第に勢力を増していくことになります。これは、後年の「大正デモクラシー」へとつながる政党政治の本格化を期待し、「予算こそ政治の肝《きも》」ということを知る伊藤の「大英断」だったといえましょう。

そして現実に、明治憲法の施行後、十年も経たないうちに、衆議院の第一党による初の政党内閣政権が誕生します。

明治三十一年（一八九八）、自由党（党首板垣退助）と進歩党（旧立憲改進党、党首大隈重信）が合同して憲政党を結成したのを期に、伊藤は第三次伊藤内閣の後継として、不安がる明治天皇を説得し、この民権派を主体とした憲政党に政権を明け渡すことを決めました。こうして首相に大隈重信、内相に板垣退助を据え、陸・海軍大臣を除くすべての閣僚を憲政党員が占める初の政党内閣である「隈板《わいはん》内閣」が成立したのです。

伊藤にしてみれば、一度「民党」の政権運営能力を確かめてみようということだったのかもしれませんが、この内閣は旧自由党員と旧進歩党員による利権あさりと主導権争いに明け暮れて、わずか四カ月半で自壊してしまいました。

さすがの伊藤も、「民党」のこの無責任な「野党体質」には落胆させられたでしょう。しかし伊藤は、真の立憲政治の確立のためには、やはり政党の存在が不可欠だと考えていました。そこで、国民生活の向上と同時に財政収支の均衡を図り、また国の安全保障にも責任感をもつような真の「保守政党」を自分で立ち上げることを決断するのです。

明治三十三年（一九〇〇）九月、伊藤は旧自由党員を糾合して「立憲政友会」を結成、そして自らその初代総裁に就任しました。この伊藤の行動に対して、他の元老たちが——山県有朋はその最たる者ですが——「裏切り者」扱いしたのは、当時、政党はすべて藩閥政府に敵対する存在、としか見なされていなかったからです。

しかし、他の藩閥リーダーと違い、伊藤は日本を真の立憲国家とするために私心を捨て、またしても「火中の栗」を拾ってみせたのでした。こうした決断こそ、吉田松陰をして「中々の周旋家（現実的な政治家）になりそうな」と評せしめた、伊藤博文の生涯を貫く美質だったといえるでしょう。

以後、この立憲政友会は西園寺公望、原敬などの首相を生み、山県系の官僚・軍閥人脈と対抗しながら、明治・大正期の立憲政治をリードする存在になります。そして大筋において、この「伊藤政友会」の系譜が戦後、自由民主党に受け継がれて今に至っているわけです。

日本を、天皇を中心とした世界に恥じない近代立憲国家に――これこそ「勤皇の志士」出身の伊藤が生涯を賭けて追い求めた理想でした。そしてこの国が今も、伊藤が敷いてくれた立憲政治、政党政治のレールの上を走っていることは、紛れもない歴史的事実です。

残念ながら現在、わが国は予想もしなかったような国力の低下と政治の停滞の中を漂っています。「政界の再編」もしきりに叫ばれていますが、そもそも何のための政党政治、議会政治なのかは十分に語られていません。今こそ、伊藤がどんな思いで立憲政治を実現しようとしたのかに、思いを馳せる必要があるのではないでしょうか。

すなわち、あくまで「国家のために」と火中の栗を拾うべく、身を捨ててでも多くの政治・政党指導者が大団結を図るべく率先して行動した、伊藤博文の偉大なる「秀吉型リーダーシップ」に学ぶべきときなのかもしれません。

第六章

明治の三太郎
――日露戦争に挑んだ近代日本の「長男」たち

小村寿太郎（左）、児玉源太郎（中央）、桂太郎（右）［所蔵：国会図書館］

明治日本の輝ける瞬間の立役者

「歴史のイフは意味のないこと」とよくいわれます。まさに正論でしょう。歴史の客観的事実を重んじる立場からすれば、決して検証されることのない「もし〜だったら」「もし〜れば」についていつまでも語ることは、一種の未練がましさと、何よりも虚しさを免れません。

しかし他方で、歴史上の人物が辿らざるをえなかった運命や錯誤を、もし、あのとき、避けることができたならば、というかたちで考察してみることは、後世の人間が歴史というもののダイナミズムを深く味わい、またそこから深い教訓を得ようとするなら、むしろ必須の知的な営みといえる場合もあるのです。

その意味で、今回取り上げる「明治の三太郎」、すなわち桂太郎、児玉源太郎、小村寿太郎《じゅたろう》の三人ほど、その「早すぎた死」が悔やまれる人物はいません。日露戦争後、わずか七年のうちに「明治の三太郎」はすべて亡くなったのです。まさにこれは、「日本近代史における一大痛恨事」にほかなりませんでした。

私のいう、この「明治の三太郎」たちが、もし大正、そしてできれば昭和の初めまで長生きしていたら、近代日本の運命は確実に違った進路を辿っていただろうと思います。おそらく彼らはみな、引退後も国家の重鎮となり、大正・昭和には誰よりも迫力ある「元老」として、明治天皇なき後の不安さを増す日本の進路を正しく導いたはずだからです。しかし、三人の死後、国家の柱石を失った大正、昭和期の日本は、まるで「国家としてのタガ」が外れたかのように迷走しはじめ、やがては暴走の回路にはまり込み、大東亜戦争の敗北というあの「昭和の悲劇」に至ったのです。

さらにいえば、もし、彼らがせめてギリギリ、あと数年でも長生きしてくれていたならば、その「昭和の悲劇」も避けることができたのではないか。これはほとんど私の確信といってもいい、決定的な「歴史のイフ」の一つなのです。

「明治の三太郎」の最大の功績が、明治三十七年（一九〇四）に勃発した日露戦争を、わが国の勝利に導いた点にあることはいうまでもありません。

桂太郎は、まさに「日本の岐路」であった日露戦争の前後五年間にわたり、首相として政治の前面に立ち、よく日本を指導しました。外交や戦争で国家が「のるか反るか」の命運を賭けるとき、最も重要なカギを握るのは、つまるところ内政の成否です。このことは、昭和の歴史も反面教師としてですが、よく証明しています。日英同盟の締結（明治三十五年）から日露開戦へと日本の国運がかかった内政の安定を誤りなく導いたのも、元老ではなく、首相・桂太郎の政治手腕の賜物だったのです。

児玉源太郎は、そもそも日清戦争でも、肩書きは陸軍次官でしたが、海軍大臣・西郷従道《つぐみち》が陸相を兼任していたため、実質上の〝陸軍大臣〟として、清国との戦いを勝利に導きました。次いで、日露開戦の直前、児玉は内務大臣を辞し、自ら参謀次長に降格した上で作戦立案に没頭、いざ開戦となるや、満洲軍総参謀長として、ほとんどの陸戦を直接指揮しました。

外相の小村寿太郎は日英同盟の締結交渉をリードし、ポーツマス講和会議（明治三十八年）では日本の勝利を歴史的に決定づける立役者となった人物です。

ところで、大東亜戦争の敗戦後、ある時期までは、「日露戦争は侵略戦争であった」とか「ここから日本は道を間違えた」という説が根強かったとはいえ、さすがに現在、そういう議論はあまり聞かれなくなりました。今では大半の日本人が、日露戦争の勝利を司馬遼太郎氏のいうように「坂の上の雲」を追い求めた明治日本の輝ける瞬間、として感じていると思います。また、そうした説を裏づけるさまざまな史料も出揃って、ほぼ解釈として固まってきたといえるでしょう。

ここで改めて日露戦争の意義について考えると、次の三つにまとめることができるでしょう。まず第一に、何といってもそれは「日本防衛のための自衛戦争」だったということです。たしかに、それは日本の国民に大きな犠牲を強いた戦争だったことは間違いありませんが、もしあそこで日本が戦争に訴えなかったら、おそらく帝政ロシアは、朝鮮半島から対馬海峡へと南下政策をとって、圧倒的な武力を背景に日本に対し、領土の割譲を要求したに違いありません。北海道や九州などは、日本本土から切り離されて、その一部はロシアの領土か、少なくとも〝租借地〟にされていた可能性が高いのです。

第二に、白人のロシアという大国に、非ヨーロッパ圏の小国日本が戦いを挑んで勝ったという点が世界史的にも重要な意義といえます。実際、今日でも多くの国の歴史書が認めているとおり、世界史の次元においても、それは「文明史的大事件」でした。白人国家に打ち勝った新生日本の姿を見て、アジアや中東、アフリカなど、欧米列強に植民地化されていた多くの民族に、「自分たちも日本に倣おう」「日本のように近代化を進めれば、自分たちも白人に打ち勝てるのではないか」という希望を抱かせ、立ち上がらせたのです。

第三に、明治時代の日本には、大きな国家目標がありました。それは何としても独立を維持し、外国の植民地にならず、むしろ西欧と「真に対等の国になる」というものでした。これはまったく当然の、正しい国家目標といえましょう。そしてその一つの帰結が、日露戦争にほかならなかったのです。

絶世の謀将の死がもたらしたもの

ことほどさように、この国の近代史に決定的な意義をもつ日露戦争ですが、そこで重要な役割を果たした「明治の三太郎」については、明治国家の建設を主導した彼らよりも一つ前の世代にあたる元老の役割が過大視されているのに比べ、不当にも随分「小粒」だと見なされており、とくに戦後、彼らへの評価は決して高いとはいえません。しかし、「明治の三太郎」が明治国家の完成に果たした功績は、やはり不朽のものがあります。

「明治の三太郎」のうち、戦後の評価という点で、まだしも比較的恵まれているのは、児玉源太郎でしょう。とくに『坂の上の雲』の影響で、〝稀代の名参謀〟という彼のイメージは、いまや日本人の間でほぼ定着しています。

とくに日露戦争の天王山である旅順攻防戦において、第三軍を指揮して攻めあぐねる乃木希典《まれすけ》から指揮権を取り上げて――実際は指揮権には介入せず、アドバイスしただけともいわれますが――攻撃を要塞正面ではなく、二〇三高地に切り替えさせて見事作戦を成功に導いた、というあのシーンは、戦後、司馬文学だけでなく、映画や小説で何度も取り上げられ、いまや日本人の脳裏に焼きついています。

ところが、児玉は大国ロシアとの戦争にもてる力をすべて使いきって心身を消耗し、日露戦争終結の翌年、五十五歳（数え年）の若さで早逝してしまいました。かつて台湾総督だった児玉の下で、ともに台湾統治を担当した後藤新平は、「この百年に一人といわれる絶世の謀将を亡くしたことで、日露戦争に勝利した日本は本当に報われたであろうか」といって、その死を嘆きました。

実際に、児玉源太郎がもし長命であったならば、元老の山県有朋があれほど長期間にわたって軍部や政界に対して、隠然たる影響力を行使しつづけることはなかったでしょう。その結果、軍内部の腐敗と対立があれほど醸成されてしまうことにはならなかったでしょう。同様に、昭和に入って軍閥政治があれほどまでに跋扈《ばっこ》することはなかったでしょう。

陸相のみならず、文相、内相、台湾総督を務めた児玉は、「桂のあとの首相」と目されていました。藩閥にとらわれず、能力本位で人を抜擢する児玉ならば、山県の影響力を巧みに排しながら、軍部と政界の人事の刷新に挑んだはずです。また、そうであれば、後の昭和陸軍が正気を失って暴走していく原因となった、いわゆる「皇道派」と「統制派」による派閥抗争も生じなかったでしょう。そもそも、この二つの派閥は長州閥に対する反発から生まれたもので、元はといえば、山県があまりに露骨な藩閥偏重人事を貫いたことが根本的原因でした。

山県は、「明治の三太郎」よりも十歳、ないしはもっと年上でしたが、彼らの死から十年以上も長生きしました（大正十一年〈一九二二〉死去）。率直にいって、晩年の彼は「老害そのもの」の存在に成り下がっていたのです。

小村に対する二つの評価

戦後の評価においてより微妙なのは、小村寿太郎でしょうか。小村は、対露開戦にためらう元老たちを引っ張って戦時外交を担い、とくに戦争末期、講和交渉の難航が予想されたため、露骨に逃げを打って全権代表となろうとしなかった元老たちに成り代わり、自ら火中の栗を拾い「非常なる覚悟」で全権を引き受け、ポーツマス講和会議に臨みました。そして、アメリカでの広報外交において、アメリカ世論を味方につけようとする、ロシア全権・ウィッテの宣伝上手に遅れをとった面は否めませんが、大国ロシアを相手に一歩も引かない粘り強い交渉で、ロシアから南満洲鉄道をはじめとする、重要な満洲利権の譲渡と、南樺太の割譲を辛くも勝ち取ったのです。

この小村の頑張りのおかげで、国際社会も「日本がロシアを降参させた」と認め、日露戦争における「日本の勝利」という歴史的事実が名実ともに確定したのです。こうした小村の胆力は、誰もが認めるところでしょう。

ただ、戦後の日本では、小村に対し、日露戦争後、アメリカの鉄道王ハリマンによる満洲の鉄道買収工作を阻止して、満洲利権をめぐる日米対立とアメリカの反日外交の原因をつくったとする批判や、韓国併合を推進したことから「帝国主義外交の推進者」として、その後の日本を危険にさらす種をまいたのでは、という負の評価が、主として歴史学者などから唱えられることが多くなりました。

しかし、大正期の日本外交が、「幣原《しではら》（喜重郎《きじゅうろう》）外交」に代表されるように、あまりに安易に「国際協調」という時代の流れに同調したため、逆に中国の「革命外交」の挑戦を受けてしまい、国益を大きく損なったことを考えれば、小村に対するそうした評価は一面的にすぎることは明白でしょう。大正期の安易な国際協調外交は、「このままでは確実に満洲の利権は失われる」という軍部や世論の危機感を招き、結果的に関東軍の暴発（満洲事変）という最悪の事態を引き起こす原因にもなりました。

他方、そうした安易な「国際協調」にすべてを委ねようとしたのが大正期の外交の失敗ならば、「松岡（洋右《ようすけ》）外交」に代表されるように、その反動として国際連盟からの脱退など、あまりに性急に、正面から「今こそ国際秩序に挑戦すべし」と叫び、跳ね上がった行動に出てしまったのが、昭和期の外交の誤りでした。こうした両極端への日本人の分裂が、ポーツマス講和会議以後のこの国に起こった、最大の不幸だったのです。

明治の日本人には、このような分裂はありえませんでした。誰もが自分の立場や思想よりも、ひとえに国を思って最大限の努力をし、国際社会での日本の存立と繁栄をひたむきに求めていたからです。小村はポーツマス会議から戻って五年後の明治四十四年（一九一一）、五十七歳（数え年）の若さで亡くなりましたが、その外交手腕を継いだ後継者は、大正、昭和期の日本にはついに現われませんでした。それだけに、ここでも早すぎる死が悔やまれるわけです。

さて、残る桂太郎についてですが、「明治の三太郎」の中では、現在その評価は不当なほど低いといわざるをえません。今日、日本人に流布している桂のイメージを私なりに要約すれば、次のようになります。

「元老山県の直系の子分にして、長州閥のナンバー2。韓国併合や大逆事件を主導した国権主義者。第一次護憲運動によって打ち倒された反立憲政治のシンボル。得意ワザ、ニコポン……」

ニコポンとは要するに、「まあまあ、そう堅いことといわずに」と、野党の肩をポンと叩いてニコニコし、一方でテーブルの下でさまざまな〝やり取り〟をして妥協に持ち込むという裏ワザのことです。それは「日本型情実政治の悪しき典型」とされ、こうしたやり方を始めたといわれる桂の評価を大きく貶《おとし》めるのにひと役買っているのですが、それは本来、どの国でも必要な議会政治上の高度な手法であって、決して否定されるべきものではありません。

結論だけ先に述べるようですが、実は桂こそは、政党嫌いの山県の妨害に抗して、日本にヨーロッパのような本格的な二大政党制を根づかせようとした人物であり、立憲政治の確立に賭けるその情熱は、先輩の伊藤に勝るとも劣らないものがありました。すなわち、桂＝反立憲政治のシンボルという戦後の評価は、政治家・桂太郎の本来の姿をまったく見間違えていることに起因するのです。

大正二年（一九一三）に六十六歳（数え年）で逝去した桂が、少なくとも大正中期まで存命だったならば、とくに伊藤博文亡き後、財政の収支や国の安全保障を度外視して、つねに予算のバラマキと利権分配だけを主張する「万年野党体質」を身につけるようになっていた立憲政友会に対して、国家の財政や安全保障に責任をもち、本来のエリート層が主導する「真の保守政党」である立憲同志会という、理想的な二大政党の組み合わせが実現していたかもしれません。

また、そうすれば、大正・昭和期の軍部があそこまで頑なに「反政党政治」の立場を貫くこともなく、結果的に立憲政治が機能不全に陥ることを避けられたでしょう。

国家運営に関わる辛苦を喜んで引き受ける

山県の影響力を排して二大政党制を日本に根づかせようとした桂に限らず、「明治の三太郎」が、それぞれ「元老、何するものぞ」という気概を終生抱いていたことは、とくに強調すべきでしょう。

そもそも、「明治の三太郎」と元老たちの間には、家格意識という面で明らかな差がありました。たとえば元老の山県は、元はといえば足軽よりさらに低い身分の中間《ちゆうげん》（武家屋敷の奉公人）にすぎず、伊藤に至っては百姓の倅《せがれ》でした。たしかに、薩摩閥の元老、大山巌や松方正義らは、山県や伊藤らとは異なり、れっきとした武士でしたが、藩内での家格は決して高いとはいえません。

これに対し、桂は家祖が長州藩主毛利家と同じ鎌倉幕府の政所《まんどころ》別当・大江広元であり、家禄は百二十五石でしたが、堂々たる上級武士の生まれでした。同じく児玉は、父半九郎が徳山藩（長州の支藩）の百石どりの武士であり、藩内では中の上クラスと、やはり家格は低くありません。

一方、飫肥《おび》藩の徒士《かち》の家に生まれた小村は、侍としては低い身分でしたが、父は藩の物産方頭《ぶつさんがたかしら》と城下本町の別当を兼ねる重責ある立場にあり、また、小村は幼いときから、ずば抜けた郷士の秀才と目されていたこともあって、「武士としての矜持《きょうじ》」を人一倍強く抱いていた人です。

このように「明治の三太郎」は、己の出自に対する強い誇りと自負があった分、維新の功労者である元老たちに対しても、まったく引け目を感じることなく、自らの信念を貫くことができたのです。

加えて、「明治の三太郎」に共通するのは、彼らが、精神面において元老たちよりも深く吉田松陰や西郷隆盛の正当なる継承者だったことです。

たとえば、桂の叔父・中谷正亮《しょうすけ》は松陰門下第一の弟子を自認し、松陰亡き後、松下村塾を継承して、その運営に携わった人でした。少年時代の桂は、この叔父から親しく薫陶を受け、幕末日本で最初の本格的な世界地理の書物であった箕作省吾《みつくりしょうご》編の世界地誌『坤輿図識《こんよずしき》』をテキストとして示され、松陰のめざした「開国（した上での）攘夷」、つまり文明開化による国家の独立達成の大切さを教えられたといわれます。

ことに桂は上級武士でありながら、このように松陰門下に連なったことが、その人生を決めたところがありました。

また、徳山藩の武士であった児玉にも、間接的ながら、松陰の志は受け継がれていました。児玉の父半九郎は、彼が五歳のときに、藩政をめぐる軋轢《あつれき》から「悶死」を遂げ、児玉は姉婿の児玉（浅見）次郎彦に養育されることになったのですが、この次郎彦は、松陰門下の久坂玄瑞や入江九一《くいち》と交流があり、燃えるような尊王攘夷の精神の持ち主でした。

しかし、元治元年（一八六四）、次郎彦は徳山藩内の政争をめぐり佐幕派を暗殺しようとして、逆に闇討ちに遭い、殺されてしまいます。当時、児玉は十三歳。後年、児玉はそのときの無念さを繰り返し人に語ったといわれますが、姉婿の死後、児玉はその尊王攘夷の精神を継承して、「烈々たる覚悟」で戊辰戦争に臨んでいくことになったといわれます。

一方、小村について語る際に重要なのは、飫肥藩校・振徳堂《しんとくどう》の教師であった小倉処平《しょへい》の存在です。「飫肥藩第一」の人物といわれた小倉は、早くから小村の人物を見抜き、明治三年（一八七〇）、弱冠十六歳の小村を明治新政府の官僚を育てる大学南校（後の東京帝国大学）に入学させました。

しかし、その小倉は、明治十年（一八七七）に勃発した西南戦争で西郷の薩軍に身を投じ、自刃してしまいました。高潔で人望があり郷党の人々から「飫肥の西郷」とさえ呼ばれていた小倉が、西郷と行動をともにしたのは、新政府の行きすぎた欧化政策や、西郷を政府から追い出した反征韓派のやり方に痛憤したためだといわれます。留学先のハーバードで、「恩師死す」の報に接した小村は悲嘆に暮れ、三年後に帰国した際、何よりも先に小倉の墓に詣でています。そして墓前で、師の志を継ぐことを誓うのです。

このように、「明治の三太郎」には日本の国益を守るために、あえて自ら難局に身を投じ、行動に移す胆力があったのは、直接的にも間接的にも、彼らが松陰や西郷の「開国攘夷」の精神の後継者であったからだといえるでしょう。

そして、「明治の三太郎」を考える際、やはり重要なのは、その太郎という名が示すとおり、三人とも「長男」であったことです。これは封建社会の仕来《しきた》りからも、「家」そしてやがては「国家」を背負うのは自分しかいない、という真摯な自覚や使命感を早くから培うことになりました。しかし、「明治の三太郎」がすべて「長男」であったということは、後で見るように、さらに深い意味で象徴的なことのように、私には思えるのです。

少子化時代の現代とは異なり、戦前の家庭の「長男」は、他の兄弟とはまるで別格に扱われて育てられたものでした。「とにかくお前は家を継がなきゃいかん」「最後まで兄弟の面倒をみなさい」というわけで、幼年から責任感というものを一身に植えつけられて育つわけです。とくに、正規の武士の家に生まれた「明治の三太郎」は、サムライとして藩に尽くすことが絶対的使命でした。

明治国家の成立以降、国家運営に関わる辛苦を、何よりも喜んで引き受けた彼らの精神構造は、封建社会の中で深く培われていたと見るべきでしょう。

とくに彼らが日露戦争時、第一線に立つことを忌避した元老たちに代わって、必ず「大国ロシアに勝つ」のだという強い決意をもって、その難事業を自ら進んで引き受けたのは、その高邁な武士的エートスと「長男」としての使命感のゆえだった、といえましょう。

しかし同時に、「明治の三太郎」は日露戦争で心身をすべて消耗し尽くし、あるいはその後の国家運営も苦闘の連続で、それゆえ戦後十年を待たずして三人とも揃ってあまりに早く世を去るという、壮絶な最期を迎えざるをえませんでした。それは、まさに明治日本の「寿命の燃焼」ともいえるかもしれません。

次章以降は、「明治の三太郎」がめざしたものを、一人ひとり、その跡を追いながら、改めて明治日本の栄光と悲劇とは何であったのかを、これまでにない新しい視点から考えてみたいと思います。

第七章

桂太郎（前編）
——近代軍制を確立し、日清戦争に挑んだ軍官僚

桂太郎［所蔵：国会図書館］

戊辰戦争で苦杯を嘗める

日本の近代史の中で、今こそ再評価し、実像に迫る必要のある人物として、私は真っ先に桂太郎を挙げます。

前章でも述べたとおり、桂こそが日露戦争をわが国の勝利に導いた最大の功労者であり、そして晩年、立憲同志会を結成して日本に二大政党制を根づかせようと試みた、偉大な政治家でした。にもかかわらず、桂は元老山県有朋の「使い走り」程度の存在で、せいぜい「ニコポン」しか芸のない凡庸な人物だと誤解されてきました。そのため、戦後長らく歴史家の桂に対する関心も、ほぼ〝無視〟に近い状態が続いてきたのです。とくに桂が首相になる以前の前半生については、ほとんど言及される機会がありません。

実は桂は、元老の山県有朋や大山巌たちと同じように、明治維新の際、白刃の下を潜り抜け、新政府の樹立にかなりの貢献を果たした人物でした。明治新政府が桂に与えた賞典禄二百五十石は、薩摩の西郷従道（三百石）と桐野利秋（二百石）のちょうど中間ですから、王政復古や戊辰戦争における桂の働きの大きさが窺えます。

　さらに桂は、戊辰戦争後、不平士族の凶刃に斃《たお》れた西洋兵術の大家・大村益次郎の遺志を継いでドイツ留学を果たし、その知識をもとに日本に近代軍制を導入した功労者でもありました。この桂の頑張りのおかげで、日本は早期に軍の近代化にこぎつけ、日清戦争に勝利することができたのです。こうした軍制上の功績だけを見ても、桂は後世に名を残すに値する仕事を十分成し遂げていたといえましょう。

　弘化四年（一八四八）、長州藩の上級武士の子として生まれた桂太郎の軍歴は、早くも文久三年（一八六三）に始まっています。

　当時、長州藩は攘夷運動の一環として、下関海峡を通過する外国船に盛んに砲撃を仕掛けていましたが、同年六月、仏米軍艦による報復を受けると、正規兵たる藩士で構成された長州軍は、あえなく敗北を喫しました。これに危機感を覚えた高杉晋作が、藩主の許しを得て結成したのが「奇兵隊」でした。以後、長州藩内には「諸隊」と総称される、武士階級にとらわれない民兵組織が続々と誕生することになります。吉田松陰の唱えた、草の根が立ち上がれ、という「草莽崛起」が始まったのです。

一方、こうした動きに対し、このまま黙って「諸隊」の活躍を傍観するのは、代々毛利家の禄を食んできた武士の恥辱だとして、一部の有志が結成したのが「大組隊《おおぐみ》」です。その発起人の一人に名を連ねていたのが、他ならぬ弱冠十七歳の桂太郎でした。

率直にいって、このとき、桂たちを貫いていたのは、上級武士としてのエリート意識と、庶民で構成された「諸隊」に対する封建社会ならではの差別感情でしょう。「奇兵隊」幹部として成り上がってきた中間（武家屋敷の奉公人）上がりの山県有朋に対して、桂が終生臆する気持ちをもたなかったのは、このときの感情を抜きにしては語れません。しかし、これも「草莽崛起」に刺激され、そのさらなる上への広がりを見せた光景といえるでしょう。

ただし、当時の桂は実戦を経験する機会に恵まれず、彼が実質的な初陣を果たすのは、慶応二年（一八六六）六月に勃発した四境《しきょう》戦争（幕府による第二次長州征伐）でした。大村益次郎の指導の下、洋式兵制を積極的に取り入れていた長州軍は、旧式の軍隊から脱皮できない幕府軍相手に各地で圧勝します。弱冠二十歳の桂の目には、大村こそ、吉田松陰が説いた「開国攘夷」を実践していく人物として映り、大村に対し憧れにも近い尊敬の念を抱くのです。

時代の流れは速く一気に進んで、慶応三年（一八六七）十二月九日、「王政復古の大号令」が発せられます。このとき、桂は西郷隆盛に命じられて、朝廷より長州藩の毛利父子の官位回復と上京を命じる沙汰書をもって密かに京都を脱出し、幕府方の追跡を振り切り、山陽道を潜行して長州へ向かいます。そして無事、その朝廷の命を山口の藩庁に届けるという一見地味ながら、実に重要な使命を果たしています。

つづく戊辰戦争でも、桂は長州藩の第四大隊二番隊（藩兵百六人、雑兵三十人）の司令に任命され、薩摩藩の兵とともに、東北の出羽地方の平定に向かいます。ところが明治元年（一八六八）五月、新政府軍の会津藩に対する苛烈な処置に反発した東北と越後の諸藩が「奥羽越列藩同盟」を形成したため、新庄（現在の山形県）まで出張っていた桂たちの軍勢は、たちまち敵中に孤立することになります。ことに庄内藩兵は士気旺盛な上に最新の洋式銃で武装しており、これとぶつかった桂らの部隊は、敗走に次ぐ敗走を重ねました。

敵中に孤立し全滅を待つばかり、という事態を悲観した桂は、一時、兵士たちを前に玉砕論を説いたほどでしたが、年長の部下に止められ、かろうじて思いとどまります。そして劣勢を挽回すべく、桂自身がたった一人単独で本隊を離れ、越後の松ヶ崎に在陣していた西郷隆盛のもとに赴いて援兵を求めに赴き、他方で秋田藩の有力な佐幕派を失脚させて藩論を転換させるなど、つまり軍事とは別の「政治的な働き」によって苦境を救い、東北における新政府軍の最終的な勝利に貢献したのです。

結局、戊辰戦争で桂が学んだことは、私は二つあったと思います。第一に、西洋兵術に優れた庄内藩兵に苦戦した経験から、改めて最新の近代軍事技術を学ぶ必要性を痛感したこと。第二に、新政府軍の情勢判断の甘さによって敵中に孤立させられた経験から、政治や外交、そしてインテリジェンス（情報活動）の重要性に目覚めたことです。すなわち、戊辰戦争で苦杯を嘗めた経験から、後年、軍人としての道を歩む桂をして、彼の特質である「軍事に対する政治優位の思想」の下地づくりをしたといえましょう。

私費でドイツ留学を果たす

戊辰戦争終了後の明治二年（一八六九）七月、桂は大村益次郎に面会して、今後の身の振り方について相談しました。大村は、まず語学を徹底的に勉強した後、最低でも五、六年以上は海外留学して、根本から近代軍事を勉強してこいと、桂にアドバイスします。もし西洋に留学するのなら、表面的な「技芸」を身につけて満足するのではなく、背後に横たわる「文明」の真髄を体得せよ。おそらく大村のいわんとしたのは、そういうことだったのでしょう。

しかし、その直後、大村は京都で不平士族の凶刃に斃れてしまいます。当然、桂は悲嘆に暮れましたが、その遺志を継ぐのは「自分しかいない」と奮起し、明治三年八月、最初のドイツ留学に旅立ちました。

もっとも、当時の桂には官費留学の道がなく、戊辰戦争で得た二百五十石の賞典禄を原資に、私費でドイツに向かわざるをえませんでした。しかもこの私費留学は、直前まで所属していた兵学寮（陸軍士官養成所）を健康上の理由——実際の桂は健康そのもので、医者の緒方惟準《これよし》（洪庵の次男）に頼み込んで偽の診断書を書いてもらったのです――により強引に退学することによって、実現されたものでした。

同郷の先輩たちは、そんなことをしたら二度と軍務に戻れないぞ、と、この将来有望な若者の無謀を諫《いさ》めようとしましたが、桂は聞き入れません。後年の「ニコポン」のイメージとは異なり、もともと桂は一度決めたら断固実行する、強い意志の持ち主だったのです。

当初の予定では、桂はフランスに向かうつもりでした。それが、途中で留学先をドイツに変更することになったのは、普仏戦争でのドイツ（当時はプロイセン）勝利の結果を受けてのことでした。こうして桂は、徴兵制（国民皆兵）を基軸とするドイツ軍制の実態と、普仏戦争でのドイツ勝利の要因となったとされる「参謀本部」の役割について研究することに決めたのでした。

しかし、桂のこの第一回目の留学は、三年ほどで費用が尽きてしまい、明治六年（一八七三）、いったん帰国を余儀なくされます。

帰国した桂は、木戸孝允の推薦により、当時陸軍卿だった山県有朋と対面しました。陸軍への復帰を許され大尉に任官した当日、山県は、ヨーロッパ最新の軍事知識を研究してきた桂の出鼻を挫くべく、「任用制度ができて、初任者は大尉以上にはしてやれないのだ」と言い渡しました。すると桂は、「なぜ少尉に任官しなかったのですか」と無難な答えで切り替えし、出世や権力にこだわらない恬淡としたところを見せて、山県の警戒心を解いたといわれます。

さらに桂は、「（明治六年一月に公布された）徴兵令をどう思うか」と山県に問われると、全面的な賛成の意を表明し、士族の反発を危ぶむ新政府内の反対論に困惑させられていた山県を喜ばせています。桂が徴兵令に賛成したのは、あくまでドイツ留学で得た知識からその必要性を理解していたからですが、山県は「桂が自分の子分になる意志表示をした」と、別の受け取り方をしたようです。これには桂も辟易させられたでしょうが、その後、山県の庇護を甘受して出世の階段を上ってゆくことになったきっかけでもありました。

そして明治八年（一八七五）三月、今度はベルリンの日本公使館付武官という「官」の立場から、桂は二度目のドイツ留学を果たします。明治十年、西南戦争勃発の報に接しても桂は帰国することなく、ドイツ軍制の研究に没頭しました。当時、ドイツの有名な参謀総長のモルトケから、軍略について直接手ほどきを受ける機会もあったようですが、桂の研究対象は軍事のみにとどまらず、政治や外交、経済まで広範囲に及びました。

明治十一年（一八七八）、帰国した桂に対し、早速、ドイツ式の「参謀本部」の設置という大仕事が与えられます。本来、桂は陸軍行政全般を確立した上で、あくまでその一局として「参謀本部」を位置づけるつもりでした。昭和期の「参謀本部」の独走ぶりを考えれば、見事な見識といえますが、最後は早急な整備を急ぐ上層部に押し切られてしまいます。一説には、陸軍卿・山県の権勢を憎んだ薩摩閥が「参謀本部」の設置を強行したといわれますが、真相はわかりません。いずれにせよ、「参謀本部」の詳細な仕組みについては、ドイツから帰国した桂以外に知りうる者はいませんから、寝る間を惜しんでその制度づくりに勤《いそ》しんだといわれています。

こうして明治十一年十二月、参謀本部が設置されると、桂は作戦よりも情報を重んじ、自ら、西日本に加えて清国・朝鮮の統帥事項を管轄する「管西局」の局長に就任します。すでに戊辰戦争時にインテリジェンスの重要性に目覚めていた桂は、明治十二年十月、天津・北京周辺を自ら秘密旅行して、地理や民情などを徹底的に調査しました。その後も、情報将校を大陸に再三派遣してインテリジェンスの収集に邁進します。後年、日清戦争が勃発した際、「紫禁城には五十人の日本人スパイがいる」といわれましたが、明治陸軍のインテリジェンスの先駆けは、まさに桂の指導によって成されたといえます。

薩摩のホープ・川上操六との出会い

明治十五年（一八八二）七月、朝鮮の政変・壬午《じんご》軍乱に介入した清国と日本の対立が表面化すると、近代軍制の確立は喫緊の課題となってきました。そこで陸軍は明治十七年（一八八四）、大山巖（薩摩、当時陸軍卿）を団長とするヨーロッパ視察団を派遣することになりました。一行には桂太郎、野津道貫《みちつら》（薩摩）、川上操六《そうろく》（薩摩）など、陸軍の次代を担う精鋭たちが多数参加しました。

この欧州視察旅行に、大山と山県（当時参謀総長）が込めた真意は、明治十年の西南戦争で勢力を半減させた薩摩閥と長州閥が再び連携を深め、陸軍の基盤を磐石にしておくことと、さらに今後陸軍はドイツ式で近代化を進めていくことの確認でした。

欧州出張中、桂は船室を同じくした川上操六と、日本のあるべき国家像を語り合い、肝胆相照らす仲となります。二人がめざすべき方向で一致したのは、日本を東アジアの覇権国とすることと、そのために、これまで内戦しか経験していない陸軍を外征向きの近代軍として編成し直すことでした。

そして明治十八年、欧州視察から帰国した川上が参謀次長として「軍令（統帥、作戦など軍隊を動かす仕事）畑」を担当したのに対し、陸軍少将に昇進した桂は陸軍省軍務局長に就任し、「軍政（軍隊の制度や予算などを司ること）畑」を担当することになりました。こうして明治陸軍は、軍令を預かる川上と軍政を預かる桂がいわば車の両輪となって、対清戦争を想定した軍備や組織計画に突き進んでいくことになりました。

翌明治十九年（一八八六）には、桂は陸軍次官に進み、陸軍大臣大山巌のもとで、組織改革に辣腕を振るうことになります。もともと大山は、うるさいことはいわない代わりに、細かい実務は苦手というタイプで、具体的な仕事はすべて桂に任せられるかたちとなりました。そこで桂は、数十件の条例や細則を制定、改正するとともに、来るべき議会の開設に備えて、陸軍予算のフレームづくりに精魂を傾けます。

この頃、四十歳を迎えていた桂は、前後数年間にわたって睡眠時間二、三時間という激務の日々を送りますが、軍官僚としての能力をいかんなく発揮した、たいへん充実した時期であったといえるでしょう。

さて、明治二十二年（一八八九）二月、大日本帝国憲法が公布され、十一月、第一回帝国議会が開かれました。「政費節減」「民力休養」をスローガンとする民党は、議会で政府と激しい応酬を繰り広げ、陸海軍の予算案の大幅な削減を要求します。時の首相は、終生政党嫌いで通した山県です。山県は、自由党の土佐派を買収するなど、いわゆる「議会工作」によって軍事予算案を通過させようとしました。とはいえ、こうしたときに決して自らの手は汚さないのが山県という男です。

そのため、陸軍次官の桂が「議会工作」の矢面に立たされる羽目になりました。このとき桂は、政府内の要人や政党の指導者の間を精力的に奔《はし》り回って話をつけ、わずかな削減率で陸軍予算案を通過させることに成功します。

すでにこのときから、桂は後年の大政治家としての片鱗を見せはじめ、長州閥を率いる山県、または伊藤博文に次ぐ国家指導者として嘱望され、自他ともに認める存在になっていきます。

ところが、次の松方（正義）内閣のとき、桂は自ら「降格」を申し出て、第三師団長（司令部名古屋）に転出します。桂は来る日清戦争で、野戦指揮官として軍功を上げる機会を狙っていたのです。というのも、陸軍内の古参の将官の中には、大して軍功もない桂が軍政官僚としてどんどん出世して、しゃにむに陸軍の近代化を進めていくことに対し、反発や中傷を繰り返す者がいたからです。

戊辰戦争における桂の果たした戦場での活躍を考えれば、それは日本社会特有の「嫉妬」からくる言いがかりにすぎないものでしたが、今後彼らを黙らせるためにも、実戦で手柄を上げておく必要があると、桂は考えたわけです。

日清戦争で再び苦戦を経験

明治二十七年（一八九四）八月一日、「宣戦の大詔《たいしょう》」が発せられ、ついに日清戦争が勃発しました。桂が率いる第三師団にも、同月二十六日、待望の動員命令が下されます。山県の率いる第一軍に編入された第三師団は、九月十二日、海路仁川《じんせん》に上陸、勇躍して朝鮮半島を北上しました。

十月二十五日、桂の第三師団は鴨緑江《おうりょくこう》渡河作戦を成功させ、第一軍の先陣を切って清国領内へとなだれ込みました。さらに、第三師団は遼東半島の要衝・海城まで一気に進撃し、十二月十三日、これを攻略します。ところが第三師団のこうした突出は、同時に清国軍の必死の反撃を招いてしまいます。

桂の率いる第三師団は、厳寒の中、たび重なる敵軍の逆襲を撃退しながら、味方の援軍が駆けつけるまで、七十日余りも海城の地で包囲されて孤立し、厳冬の満洲で籠城を続けざるをえない苦境に陥ったのです。

図らずも桂は、戊辰戦争で経験したのと同じような苦戦を、再び日清戦争で味わうことになったわけです。結局、第三師団の奮闘は、下関での日清間の講和交渉が始まる直前まで続きました。あたかも後年の日露戦争で日本陸軍が直面した苦戦を先取りしたかのようなこの経験は、桂が首相として日露戦争を指導する際、教訓として見事に生かされることになります。

いずれにせよ、日清戦争の陸戦において、一元的な統制がとれていなかった清国陸軍に対し、全体として高度に組織的な動員・作戦計画をもっていた日本陸軍が勝利を得ることができたのは、戦前にドイツ式の近代軍制を確立していた桂の官僚的手腕の賜物だったといえます。従来、日清戦争では軍令を担当した参謀次長・川上操六の役割が強調されてきましたが、桂の功績も決して忘れてはなりません。

ところが、清国から帰国して早々に、桂は大病を患って、入院を余儀なくされてしまいました。海城籠城戦における心労が、相当たたったのでしょう。このとき、文字どおり日夜ベッドを離れず、献身的な介護をしたのが、誰あろう、あの児玉源太郎でした。児玉の励ましもあって、奇跡的に桂は回復へと向かいます。

しかしその瞳の先には、早くも強敵ロシアの存在がありました。

第八章

桂太郎（後編）

――「ニコポン宰相」がめざしたイギリス流二大政党制

桂太郎（右端）。「立憲同志会」立ち上げに向けて新党員を招待（1913年2月7日、帝国ホテルにて）［提供：毎日新聞社］

「ニコポン」で国を束ねる

「予が生命は政治なり」

一軍人、一藩閥政治家としてキャリアをスタートしながら、一国を代表する宰相にまでのし上がり、晩年は真の議会政治を日本にもたらすべく新党の党首として、日本の政治に新時代を切り拓こうとした桂太郎が残した言葉です。実際、現代から振り返っても、日本近代史の中で桂ほど「政治とは何ぞや」ということについて、深く体得した人物を私は知りません。

近代日本の政治の宿痾《しゅくあ》とは、流行のイデオロギーや「時代の潮流」に衝き動かされたメディアや大衆の勢いに乗る社会運動が、政治の場で合理的な調整を経ないままに、直接、政府権力と対立する勢力としてぶつかり、両者の間の妥協のない権力闘争に発展してしまうことです。明治の世では「反藩閥」の情念に発する自由民権運動が巻き起こり、民党が「民権の伸長」を訴えたのに対し、政府は「国権の拡張」を訴えて、激しい対立が繰り広げられました。

しかし本来、民権か、国権か、などという政治対立は不毛です。このうちのどちらかを選び、残りを切って捨てれば済む、という性格のものではないからです。大切なのは、互いの要求を剝き出しのままぶつけ合うのではなく、国家のため、あるいは民の暮らしのため、結果的にどんな妥協が成立しうるのか、政敵とも腹を割って語り合うことでしょう。ここにこそ、議会をつくって政治を行なう本来の目的があったのです。そのために、あえて「ニコポン」――前述したように、敵対する勢力がいても自らニコニコしながら近づいて、相手の肩をポンと叩いて対立感情を和らげてしまう〝裏ワザ〟のこと――と称された、しかし本当は一番大切な政治を動かすための妥協をめざす必死の試みに打って出て、つねに話し合いによってこの国を一つに束ねようとした人物こそ、桂太郎だったのです。

前章で見たとおり、桂は日清戦争の最前線で指揮をとった「海城籠城戦」の疲れから、戦後一時静養を余儀なくされましたが、回復後、台湾総督、東京防御総督を経て、明治三十一年（一八九八）一月、第三次伊藤（博文）内閣のもとで、陸軍大臣に就任します。

以後、桂は第一次大隈（重信）内閣、第二次山県（有朋）内閣、第四次伊藤内閣と、四つの内閣のもとで約三年間、連続して陸相を務めることになりました。

当時、衆議院では、多数を制した民党と政府の間で、予算の増減をめぐり、熾烈な応酬が繰り広げられていました。三国干渉、北清事変（義和団事件）以後、満洲や朝鮮半島の支配を強めるロシアに備えるべく、政府は国防費（陸海軍予算）の拡充を訴えますが、民党は地租（税金）の減額を求めてやまず、両者の主張は平行線を辿っていたのです。

そこで陸相の桂は、民党のリーダーでその強引な政治手法から「オシトオル」とあだ名された自由党の星亨《とおる》などと手を組み、彼らの要求する地方への鉄道敷設や選挙権拡張の実現を約束する代わりに、陸軍予算を議会で通してもらおうと図りました。このとき、陸相の桂によって繰り返し用いられた手法こそ、「ニコポン」だったのです。

こうして議会操縦の冴えを見せた桂が、第四次伊藤内閣のあとを受けて、明治三十四年（一九〇一）についに首相に推され、内閣を組織したのは、ある意味で当然のことだったでしょう。急速にロシアとの対立が深まる中で、日本は軍備拡張を推し進めようとしましたが、そのためには衆議院の多数を占める政友会の協力が不可欠でした。桂は陸相時代に培った政党に対する人脈を生かしてこの壁を乗り越え、その都度必要な財源を確保しました。それと並行して、ロシアに対しては明治三十五年一月に結んだ日英同盟を盾に、満洲からの撤兵を繰り返し要求します。

しかし、ロシアはこれに応じないばかりか、鴨緑江を越えて韓国の領土内に軍事基地を建設し、さらに南下を続けようとしました。朝鮮半島がロシアの支配下に置かれることは、地政学上、日本本土が直接脅威にさらされることを意味します。これは、端的にいえば、「座して死を待つのか、それとも打って出るのか」という決断を日本は迫られたわけです。ここに日本はロシアとの開戦やむなし、と決し、明治三十七年（一九〇四）二月十日、ロシアに対して宣戦を布告したのです。

政友会と交わした密約

ところが強国ロシアとの戦いは、当然ながら日本にとり未曾有の厳しい戦いになることが予想され、元老たちは尻込みして、誰ひとりとして確実な戦争勝利の見通しをもっていませんでした。それは首相の桂も同じだったでしょう。しかしここで、持病に苦しんでいた桂はあえて「火中の栗」を拾うべく、戦時宰相の重圧を進んで引き受けたのです。

そのため、開戦直後、早くも心労から胃潰瘍を発症し、一時は生命すら危ぶまれることになります。「ここで桂を失うのは国家の危機だ」と心配した元老の伊藤や山県は、新橋の芸者・お鯉（安藤照子）にまとまった金を渡し、桂の世話をしてくれるように頼みました。桂は、「長いやもめ暮らし」を送っていたからです。国家の命運はすべて桂をはじめとする現役閣僚の双肩に託されたかたちとなりました。

桂は胃潰瘍による激痛に耐えながら、表向きはあの丸い顔をニコニコさせつつ平然と政務をとり、文字どおり命懸けで戦争指導にあたりました。桂が最も意を用いたのは、巨額の軍費をどうするかという問題です。日露戦争は日本が初めて経験した「総力戦」であり、多額の軍費を賄うには、国内の増税だけでは対処できません。そこで開戦直後、桂は日銀副総裁・高橋是清を米英に派遣し、外国債の募集にあたらせます。

当時、日本が海外で起債に成功したのは、一般的に高橋の手柄とされていますが、それは「神話」にすぎません。高橋は『自伝』の中でこう記しています。「いくつかの〝偶然〟に導かれて、英米の有力な投資銀行家と出会い、起債に成功した」。しかし、〝偶然〟を装って交渉相手に近づくのは、「マーチャント・バンク」（大口顧客を相手とするイギリス特有の金融機関）のビジネス流儀の一つにすぎず、裏では桂が必死の働きかけを行なっていたのです。桂は幕末以来、イギリスの金融資本と仲が深い元老の伊藤や井上馨、やはり長州出身の大蔵大臣・曾禰《そね》荒助《あらすけ》らとスクラムを組んで、海外での高橋の活動がうまくいくように八方へ手を回していたのでした。

軍費の問題を何とか解決すると、「銃後の守り」と称して桂が最も力を注いだのは、国内政治の運営でした。帝政ロシアと違い、立憲国家の日本は増税一つにも議会の承認が必要で、それは戦時中といえども変わりません。そこで桂は衆議院の第一党・政友会との間で、ある密約を交わします。

当時、政友会は初代総裁の伊藤がその座を退き、公家出身の西園寺公望が総裁となっていました。もっとも、彼は象徴的な役割にとどまり、実質的には幹部の原敬が政友会を仕切っていました（星亭は明治三十四年、暗殺によりすでにこの世を去っていました)。そこで桂はこの原敬に、またもや「ニコポン」で近づいて、戦争協力を取りつけることとの見返りに、なんと戦後、政友会に政権を明け渡すことを約束したのです。むろん、山県には内緒です。

桂の真の狙いは、自分が中心となって政友会と直接取引し、政党政治の成長を促すことで、戦後、国政から元老の影響力を排除することでした。

山県が天保九年(一八三八)生まれ、伊藤が天保十二年(一八四一)生まれであるのに対し、桂は弘化四年(一八四八)生まれ、そして「次の首相」にしようとしている西園寺公望は嘉永二年(一八四九)生まれでした。ギリギリの国運を賭けた戦時中、外交や政治面で何ら指導力を発揮しえなかった彼ら「天保の老人」たちに対し、一世代下の桂は、今こそ元老に取って代わる「自分たちの出番だ」との感を強めていたのです。

こうして明治三十八年(一九〇五)九月のポーツマス条約締結まで、桂は政友会への巧みな根回しによって、無事に政権を維持することに成功しました。第一次桂内閣の首相として彼が日本を導いた時期は、日英同盟の締結から日露戦争を勝ち抜いて世界の列強にのし上がった、まさに近代日本最大の「サクセス・ストーリー」の時代でした。この大日本帝国の「坂の上の雲」を支えた大黒柱こそ、「ニコポン」の技術だったのです。

「鉄道広軌化」問題

明治三十八年九月、ポーツマス講和条約で賠償金を取れなかったことを不満とする民衆が「日比谷焼き討ち事件」を起こしたのを機に、翌年一月、桂は戦時中に原と交わした密約を守り、政友会総裁・西園寺を首班とする内閣に政権を譲りました。以後、藩閥や官僚、陸軍をバックとする桂と、衆議院の第一党である政友会の総裁西園寺が交互に内閣を組織する、いわゆる「桂園時代」を迎えます。

長州藩の上級武士の子である桂と公家出身の西園寺は、「元老排除」という問題意識で共通しており、いわば〝出来レース〟で政権を交替しながら、ともに日露戦争後の国家運営を行なうことをめざしたのです。

しかし、西園寺はともかく、幹部の原敬の政治手法に、桂はやがて深刻な疑問を感じるようになります。原のそれは「民意」をタテに利権政治に走る一方で、国防や社会の安定など国家的な要請を軽視しがちな政治手法だったからです。

その典型が、明治四十四年（一九一一）、第二次桂内閣の際に起こった「鉄道広軌化」問題でした。明治初年以来、お雇い外国人の指導により日本各地には鉄道が敷設されていましたが、レール間の幅が欧米よりも狭い「植民地基準」が採用されていました。建設費が安いから、というのが理由です。桂はこうした現状を改めて、東京−下関間の鉄道を広軌化し、朝鮮半島、満洲と結ぶだけでなく、遠くヨーロッパ市場とつなげ、東アジアに日本を中心とする一つの大きな経済圏をつくろうという大構想を抱いていました。

そこで、自身が首相を務める第二次桂内閣の際に、「鉄道広軌化」計画を提出しましたが、原敬ら政友会幹部の猛反対に遭って潰されてしまったのです。当時の流行語となっていた「我田引鉄」という言葉に象徴されるとおり、もともと政友会は地方の鉄道利権に党勢拡大の基盤を置いていました。そのため、既存区間の広軌化に巨費を投じるよりも、未開通の地方の鉄道整備に予算を回すべきだ、と主張したのです。

国益よりも党利を重んじるこの政友会の姿勢には、さすがの「ニコポン宰相」も、怒りを隠せませんでした。

一方、元老たちの迷走ぶりはより深刻でした。山県有朋は、ロシアの復讐戦を恐れるあまり、陸軍を牛耳って国力の限界をはるかに超えた軍備拡張を画策するかと思えば、他方、井上馨や松方正義は口を開けば「緊縮財政」の一点張りで、何らの将来構想も示さず、現状維持を続けていければ御の字、という考えでした。

こうした事態に危機感を強めた桂は、ある一つの結論に達しました。もはや元老は頼りにできない、政友会との「情意投合」（なれ合い）も限界に近づいている。となれば、なすべきことは一つ。すなわち、国民生活の向上と同時に、長期を見据えた国益の実現を図る真の「保守政党」を自ら立ち上げようと決心したのです。そこで、明治四十四年、政権の座を再び西園寺の政友会に譲って、翌年、自らは近代的な議会政治に二百年の伝統をもつイギリスの手法を学ぶべく、かの地へ旅立ちました。

明治天皇が桂のこの視察旅行にいかに期待をかけられていたかは、桂の出発に際し、一万五千円（現在の約二億円）もの大金を下賜されたことでもわかります。戦後、欧州から社会主義などの新しいイデオロギーが日本に流入する中で、いかに立憲政治を護持するか。また、いかに軍部の膨張を抑えるか。そのためには、「一刻も早く二大政党制による健全な議会政治を実現すべし」。こうした桂の理想を誰よりも理解していた人物こそ、明治天皇だったのでしょう。

しかし、運命の皮肉というべきか、桂がまさにシベリア鉄道経由で欧州へ向かうその途上、明治天皇危篤の報せが届きました。急遽、桂が日本に引き返そうとしている間に、「天皇崩御」の悲報が届くのです。この報を受けたときの桂の落胆は、察するに余りあります。

帰国した桂には、早速、山県による「陰謀」が待ち構えていました。政党嫌いの山県は、明治天皇に取り入りいつの間にか自分の権勢を脅かすような新党樹立をめざすようになった桂を密かに「裏切り者」扱いし、政治の場に戻ってこられないように工作したのです。つまり、山県は根回しして〝元老一致〟の意見であるとでっち上げて、桂を明治天皇の後を継いだ大正天皇を輔佐する内大臣兼侍従長に推薦し、「宮中に封じ込める」ことにしたのです。桂は、これが山県の「陰謀」であることを知りつつも、亡き明治天皇への忠誠心からあえて宮中入りを承諾しました。

国民に理解されなかった真意

こうして、国政の表舞台から退くことになった桂でしたが、明治天皇崩御のショックから立ち直ると、もう一度、国政に携わりたいという思いを抑えきれなくなります。折しも大正元年（一九一二）、第二次桂内閣の後を受けた第三次西園寺内閣は、財政難を理由に陸軍の求める「二個師団増設」を拒否したため、陸相上原勇作は単独で辞表を出し、内閣は総辞職に追い込まれました。政局の混乱を受けて、元老たちの誰もが組閣に尻込みする中、山県は今や政界随一の実力者である桂の再登板を認めざるをえなくなります。

当時、内大臣兼侍従長の地位にあり「宮中の人」となっていた桂は、本当は首相へ再就任できないはずでしたが、大正天皇から異例の勅語を得てこれを実現し、十二月、晴れて第三次桂内閣の組閣に着手しました。組閣人事では、ライバルの原敬が評したように山県系が一切退けられ、桂の腹心の若槻礼次郎や後藤新平が閣僚に起用されました。

注目すべきは、外務大臣に加藤高明が抜擢されたことです。加藤はイギリス流の議会政治に造詣が深く、桂は「新党結成」の参謀役として、彼の入閣を求めたのです。

次いで桂は山県のもとを訪れ、今後政治問題については山県の指示を仰がないこと、さらに自身が統率する新党の結成を表明しました。元老山県に対する正面切った決別宣言でした。

こうして、翌大正二年二月七日、桂は自宅に新聞記者を呼び寄せ、「立憲同志会」の立ち上げを発表します。イギリス流の二大政党制実現へ向けて、桂は「その偉大なる一歩」を踏み出すはずでした。ところが、国民はこうした桂の真意を理解できませんでした。そして山県らの反政党勢力の暗躍もあり、政友会を先頭とする野党勢力やマスコミ、都市民衆が「閥族打破・憲政擁護」を唱えて国会を取り囲み、第三次桂内閣は在職わずか五十日余りで退陣を余儀なくされてしまったのです。これを、戦後の歴史学では、「大正政変」とか「大正デモクラシーの始まり」と教えています。しかし、これはむしろ日本の民主主義にとって、実は「大いなる挫折」だったというべきでしょう。日本に真の議会政治の確立を、と望んだ桂の落胆は、いうまでもありませんでした。

結局、そのわずか八カ月後、失意のどん底にあった桂は死去します。享年六十六。桂が、陸軍を仕切る元老山県の「一の子分」にして、〝反立憲政治の頭目〟と国民に誤解されたままこの世を去ったことは、彼の志を知る者にとっては、あまりにも悲劇的な結末だったといえましょう。

しかし、桂は志半ばにして逝去しましたが、彼の創設した立憲同志会はその後、立憲民政党と名を変え、立憲政友会と並ぶ昭和戦前期の二大政党の一つとなります。戦前の日本に、曲がりなりにも「憲政の常道」と呼ばれる議会政治が布かれたのは、この桂の素志なくして語れません。

現在、わが国は与野党の対立が頂点に達し、政治は機能不全に陥っています。だからこそいま、われわれは真に国のためを思い、命を賭してこの国を束ねようとした「偉大なるニコポン宰相・桂太郎」の正しい評価を進めると同時に、その政治手腕と志に学ぶべきときではないかと思うのです。

第九章

児玉源太郎（前編）

――軍人の枠を超えた政治的手腕の冴え

児玉源太郎［所蔵：国会図書館］

父と義兄を幼少時に失う

「桂、何を弱っている。何も心配せずに養生せい。しばらく俺が代わってやろう」

大正政変によって内閣総辞職に追い込まれた前首相の桂太郎が、親友・児玉源太郎の夢をみたのは、大正二年（一九一三）六月のことでした。夢と気づかず、「あとは児玉に任せておける」と安心した桂は、もうこのまま自分は眠りについてもよい、と思ったそうです。しかし、桂が夢から覚めてみると、当然ながらそこに児玉の姿はありません。すでに児玉は、日露戦争の翌年、明治三十九年（一九〇六）、五十五歳の若さで亡くなっていたからです。愕然《がくぜん》とした桂は、我に返って「やっぱり、あんな偉い人間は早く死んでしまうんだ」といって嘆息したといいます。そして、その桂も同年十月、児玉の後を追うように、六十六歳でこの世を去るのです。

陸相のみならず、文相、内相、台湾総督を務め、明治三十七年（一九〇四）に始まった日露戦争では満洲軍総参謀長としてほとんどの陸戦を指揮し、「奇跡の勝利」の立役者となった児玉源太郎は、多くの人々から「桂のあとの首相」と目されていました。それが戦後、あっけなく急逝したのは、日露戦争の作戦指導で心身ともに、文字どおり消耗し尽くした結果といわれます。もう一人、日露戦争全般を通じた勝利の立役者を挙げるとすれば、連合艦隊司令長官・東郷平八郎でしょうが、児玉が東郷と異なるのは、軍人の枠にとどまらない稀有な政治的手腕をも併せ持った、スケールの大きな国家指導者だったことです。

後で詳しくみますが、それまで経験のなかった日清戦争後の外征軍の復員や検疫事業という大仕事、あるいは極めつけの難治とされた台湾統治において、児玉でなければできなかっただろうと思わせるような、あざやかな手際で見事な成功を収めています。

彼が軍人としては型破りな、スケールの大きい国家指導者たりえたのは、長州人とはいえ萩の本藩ではなく、支藩の徳山藩出身であったことに加え、留学経験はおろか、士官学校さえ出ていないという特異な経歴に求めることができます。こうした「傍流意識」こそが逆に、児玉をして狭い藩閥の人間関係や個人的利害にとらわれず、広く国家的な見地から物事を考えることのできる真の国家リーダーたらしめたのでしょう。

児玉は、ペリー来航の前年にあたる嘉永五年（一八五二）二月、徳山藩士の家に生まれました（明治天皇と同年の生まれ）。父の半九郎は百石どりの馬廻役を務め、藩では中の上クラスと、家格は決して低くありませんが、児玉がわずか五歳のとき、「悶死」するという悲劇に見舞われました。半九郎は、誰彼となく持論をぶつけてはあちこちで衝突を起こすので——こうした資質は後年の児玉を思わせますが——次第に藩の重役に睨まれて座敷牢に閉じ込められ、憂愁が積もって死に至ったといわれます。

その後、児玉は姉婿の浅見次郎彦に養育されましたが、十三歳のとき、再び人生の悲劇に襲われます。義兄の次郎彦は、吉田松陰門下の久坂玄瑞や入江九一らと交流が深く、藩論を「尊王倒幕」へ転換させようとして、反対派の藩の重役の暗殺を企《たくら》んだのですが、逆に刺客によって、自宅で惨殺されてしまったのです。この出来事と義兄暗殺の無念を、のちのちまで児玉は折に触れ人に語ったといいます。一見喧嘩早く見える児玉ですが、「いざ有事」という際には、緻密に計画や作戦を立ててから行動に移す慎重な性格も併せ持っており、それは不用意に政敵の返り討ちに遭った義兄の非業の死に学ぶところがあったからかもしれません。

幕末の動乱の中、大政奉還を経て戊辰戦争が勃発すると、児玉は弱冠十七歳で徳山藩の官軍部隊「献功隊」の半隊司令（小隊長）を拝命し、遠く北海道にまで遠征し、明治二年（一八六九）五月、箱館・五稜郭での「大川口の戦い」で初陣を飾りました。このとき、児玉は、旧幕府軍の大鳥圭介の率いる斬込隊の夜襲を天性のカンで察知し、巧みに迎撃して前線の一角を守り抜き、さすが後年の戦《いくさ》上手を思わせる指揮ぶりを見せたといわれます。

戊辰戦争が終結すると、児玉は大阪に新設された兵学寮に進むことになりました。この兵学寮は、士官を養成する「青年学舎」と下士官を養成する「教導隊」の二つを合わせたものでしたが、児玉が入るよう言い渡されたのは、実は下士官養成を目的とした「教導隊」のほうでした。それと知って辞めていく者も多い中、他に行くあてもない児玉は「教導隊」に残り、軍曹から軍歴をスタートさせています。こうして彼は、下士官から出発し、ついには陸軍大将にまで上り詰めるという、文字どおり叩き上げの軍人人生を歩んでいくことになります。

メッケルに学ぶ

その後、児玉は明治七年（一八七四）の佐賀の乱、明治九年の熊本「神風連の乱」、そして明治十年の西南戦争など、戊辰戦争後に生起した内乱のほとんどすべてに従軍し、いずれも戦場での卓越した指揮ぶりを見せて、その軍事的才能を上層部に認められてゆくのでした。

とくに、当時の児玉の「鬼謀《きぼう》」（常人の思い及ばない優れた謀《はか》りごと）と「果断」を物語る逸話として有名なのが、西南戦争における「熊本城放火事件」でしょう。

明治十年二月十九日、西郷隆盛を担かつぐ三万の薩摩軍が熊本城を包囲する直前、天守閣から火の手が上がり、城内各所が焼失する一大珍事が起こりました。近代戦においては、目標になりやすい天守閣は無用の長物で、もし交戦中に敵軍の砲弾で天守閣に火がつけば、守る側の士気の阻喪も免れません。けれども、熊本鎮台の司令長官だった谷干城《たてき》は、加藤清正以来の貴重な城郭遺産を取り壊すのを躊躇し、放火の命令を出していませんでした。それが、戦端が開かれる直前、あまりにもタイミングよく〝突然の失火〟で天守閣が焼け落ちたものですから、「これは児玉少佐（当時、熊本鎮台参謀副長）の仕業に違いない」と疑われたのです。結局、真相は不明のままですが、「児玉なら、やりそうだ」というわけで、果断な合理主義と奇策を好む児玉の人物像を語る際に、よく引き合いに出されるエピソードです。

いずれにせよ、こうした明治初年の一連の内戦の中で赫々たる武勲を挙げつづけた児玉は、長州閥の中では非主流派の出身ながら、次第に陸軍内で重きをなしていきます。明治十九年（一八八六）、「臨時陸軍制度審査委員会」が発足すると、児玉は委員長に任命されました。この委員会は本格的にドイツ軍制を導入して陸軍の近代化を進めることを目的に設置されたものでしたが、この頃から児玉は目的を同じくする陸軍次官の桂太郎と深い親交を結び、その友情は生涯変わらなかったといいます。

そして翌明治二十年（一八八七）、児玉はその桂にポンと肩を叩かれて、陸軍大学校の初代校長に就任します。留学経験もなく、士官学校も出ていない児玉が、近代軍事学の頂点を教授し新世代の参謀教育を担うことになったのですから、これは極めて異例の人事であったといえるでしょう。とはいえ児玉は、校長でありながらも半分、生徒という立場で、明治政府が陸大の看板教官としてドイツから招聘したメッケルに謙虚に師事して、ドイツ式の近代戦術をたいへん熱心に学びました。ドイツ軍参謀総長モルトケの愛弟子《まな》であるメッケルが説いた近代戦術とは、補給の限界という問題を強く意識して、兵力の分散を図りつつ、つねに敵の先手を打って速攻で敵の背後に回り、敵を包囲殲滅《せんめつ》することを第一とするものでした。この機動と速攻重視の戦術は、後の日露戦争の際、児玉が満洲の荒野でとった戦法そのものでした。

明治の陸軍はこのメッケルの指導により、明治二十一年（一八八八）、編制単位をそれまでの国内の治安維持を目的とした鎮台制から、外征向きの師団制に改めました。また明治二十三年に、明治天皇の「雨中の馬上統監」で知られる陸海軍の合同大演習が名古屋で行なわれた際には、「メッケル戦術」に則ったかたちで鉄道による実地の軍移動や野戦電信隊による大部隊の運用訓練が初めて実施されました。

メッケルが日本に滞在したのはわずか三年にすぎませんが、日本陸軍に与えた影響は絶大なものがありました。そのメッケルが帰国の際、わざわざ児玉を評して、「将来、陸軍の児玉か、児玉の陸軍か、と呼ばれるようになろう」と語ったといわれます。

後藤新平との出会い

明治二十七年（一八九四）に勃発した日清戦争では、一元的な統制のとれていなかった清国陸軍に対し、日本陸軍はドイツ式の組織的な動員・作戦計画を駆使して、まさに連戦連勝することができました。当時陸軍次官を務めていた児玉は後方勤務を任され、桂のように現地に出征する機会はありませんでしたが、国内で二つの大きな仕事を成し遂げています。

一つは、戦争開始直前まで開通していなかった広島－宇品《うじな》港（現広島港）間の鉄道を突貫工事で完成させたことです。そのやり方も、民間業者にあえて「清国との戦争間近」という機密を漏らし、戦時輸送にまつわる利権を餌に、不可能と思われた短期間での工事を約束させるという、手荒なものでした。もちろんこれは軍紀違反ですが、目的のためにはどんな手段を使っても必ずやり遂げるのが、児玉という男がもつ恐るべき資質なのです。

もう一つは戦後、大陸から凱旋し日本に帰国する兵士に対して、国内への伝染病の流行を防ぐために徹底的に検疫を施したことです。日清戦争全体の死亡者は約一万三千人でしたが、実は、純然たる戦闘での戦死者はその一割程度にすぎず、あとの九割は赤痢、コレラなどの伝染病か脚気によるものでした。もし伝染病に罹患《りかん》した兵士が検疫を受けないまま帰国すれば、国内は大混乱に陥ったでしょう。

これを防ぐため、明治二十八年四月、「臨時検疫部」が設けられ、陸軍次官の児玉がその部長を兼務しました。この際、軍医総監の石黒忠悳《ただのり》の紹介により、検疫の実地責任者として抜擢されたのが、後藤新平でした。検疫の仕事は、凱旋の兵士からは恨まれる仕事です。一日も早く故郷に錦を飾りたい、と思っているのに、沖合の輸送船の中で何日も待機して検査を受けさせられるからです。児玉は、しかしこの仕事の大切さがわかっていましたから、反対を押し切って、後藤が望むだけの費用を融通し、実務を任せる一方、後藤に対する批判はすべて自分のところで封じ込めました。とかく「傲慢な性格」と許された後藤も、この児玉の度量の広さには感激して涙を流したといいます。

その結果、半年間で検疫した人員二十三万二千三百人、船舶延べ六百八十七隻、消毒した物件九十三万点というそれまでの世界の戦史上、空前の大事業を成し遂げたのでした。これにより日本は、「戦争も強いが、文明にも強い」ということで、当時、世界的な評価を得るに至ったのです。

同じアジア民族として

さらに、日露戦争勃発前後に児玉と後藤のコンビが成し遂げた歴史的な仕事として、台湾統治が挙げられます。明治二十八年（一八九五）、清国から「化外《けがい》の地」とされた台湾は、日清戦争後の講和条約により日本に割譲されました。当時、疫病がはびこる「難治の島」とされた台湾の近代化を進める上で最大の貢献をなした人物こそ、第四代台湾総督・児玉とその下で民政長官を務めた後藤新平の二人だったといえます。

明治三十一年（一八九八）、児玉が第四代台湾総督に就任した際、施政方針としたのは、軍部主導ではなく、あくまで民政を軸にした統治を貫くことでした。

当時、台湾には日本の支配に抗する土匪《どひ》の反乱が頻発して、その都度、軍が鎮定に乗り出していたため、どうしても軍人の権勢が強くなる傾向がありました。しかし、児玉は帰順しない者は討伐する一方で、帰順する者には仕事を与えるという、たいへん寛大な鎮撫《ちんぶ》策をとりました。そしてつねに、軍人ではなく民政官の肩をもち、また現地人を積極的に登用して政治に参加させました。

こうした開明的な児玉の施政方針に対しては、「手ぬるすぎる」として軍内部からも批判の声が上がりましたが、彼は意に介しません。児玉は、欧米人がやったような一方的な搾取に基づく植民地経営をするつもりはなく、「同じアジアの民族として」台湾の民生向上に尽くす、という確固とした志をもっていたのです。

一例として、児玉が、『武士道』の著者であり、台湾総督府技師として渡台した新渡戸稲造の献策を容れて開始した、サトウキビ栽培（製糖事業）があります。この製糖事業は明治、大正期のみならず、大東亜戦争後の台湾経済をも支える大きな産業に成長していきました。児玉と後藤のコンビが台湾統治に携わったのは八年余にすぎませんでしたが、今も台湾が世界で一、二位を争う親日国家であるのは、この二人が、かの地の近代化に尽くした功績を抜きにしては語れません。

しかし、児玉の台湾統治には、実はもう一つ別の側面もありました。児玉は明治三十七年に日露戦争が勃発し、満洲軍総参謀長として大陸に渡った後も、台湾総督の座を手放しませんでした。当時、台湾統治にまつわる「利権を失うのが惜しいからだ」と悪口をいう者もいました（戦後日本の歴史書でもそう記したものがあります）。しかし、日露戦争直後に児玉が急死した後、家には蓄財どころか借金しか残されていなかったのです。では児玉は、台湾利権から得た金を何に使っていたのか。

いちばん典型的なのは、明石元二郎による帝政ロシアへのインテリジェンス（諜報・謀略）活動への極秘の出費でした。すでに明治三十五年（一九〇二）、日露戦争の不可避を覚悟していた陸軍は、明石を「駐露公使館付」として露都ペテルブルクに送り込み、レーニンら反政府の諸政党の要人に接触させて、ロシアを内部から崩壊させる秘密活動に従事させています。しかし、それに要した金は莫大な額であり、ときには一回の送金が現在の金額にして数億円に上ることもありました。陸軍の予算だけでは、とても賄いきれません。そこで極秘裡に、その活動資金を捻出していたのが、ほかならぬ台湾総督としての児玉源太郎だったのです。

日露戦争勃発後、明石の秘密工作は本格化しますが、その都度、児玉は黙って明石が要求する資金を送りつづけました。明石の活躍は「一個師団に相当する」と評されたほど、ロシア国内のあちこちで革命の火の手を上げさせて、日露戦争の勝利に貢献しました。

同様に、戦前、戦中を通じて陸軍きっての情報将校であった福島安正が総指揮をとった満洲馬賊による攪乱工作も、その資金を支えたのは児玉でした。すなわち児玉の台湾利権は、日露戦争前後の対露インテリジェンス活動を支える非公式の「機密費」として運用されていたわけです。

軍事的才能のみならず、日清戦争後の検疫事業や台湾統治では政治的手腕の冴えを見せ、外交や戦争におけるインテリジェンスの重要性についても政府指導部で誰よりも理解を示していたのが、児玉源太郎でした。彼は、こと国家戦略ということに関し、近代日本が生んだ「最高の知性」といっても過言ではないでしょう。次章では、その児玉がいかに日露戦争を戦い、日本を勝利に導いたかを詳しく見てゆくことにしましょう。

第十章

児玉源太郎（後編）
――日露戦争勝利を導いた男のもう一つの戦い

日露戦争から約一世紀を経た頃の二〇三高地の慰霊塔と旅順の山々（中国・旅順にて）［提供：時事通信フォト］

異例の降格人事

日露戦争勃発を目前に控えた明治三十六年（一九〇三）十月一日、陸軍に一大事が起こります。参謀次長の田村怡与造《いよぞう》が、肺炎のため急死したのです。甲州（山梨県）出身の田村は「今信玄」と呼ばれるほどの智謀の持ち主で、長年、対ロシア戦研究に没頭していたのですが、どうしても勝機を見出せぬまま、ついに心労に押し潰されて命を落としたのだといわれます。

問題は、田村の後任に誰を据えるかでした。当時、参謀総長は元老の大山巌が務めていましたが、大山は細かいことはすべて部下に任せるというタイプで、事実上の作戦立案、実行、指導はすべて参謀次長が担当することになっていました。こうした中、常備軍二百万、予備役を含めて五百万を呼号する世界最大の陸軍国ロシアとの戦争が不可避であるとしたら、作戦全般を指揮する参謀次長は、近代戦に通じ、将兵の人望が厚いだけでなく、並外れた胆力の持ち主でなければ務まりません。

そんな人物を当時の日本に求めれば、それは児玉源太郎しかいなかったでしょう。

しかし当時の児玉は、内相と文相に加えて台湾総督を兼任し、副総理格として桂（太郎）内閣を切り盛りしていました。しかもこのとき、児玉は桂と組んで、文部省や農商務省の廃止とともに、府県の統廃合（三府四十三県を三府二十四県とする）など、壮大な国政改革に挑もうとしていました。

この改革で児玉や桂がめざしていたのは、地方分権を進めて中央政府の規模を縮小し、そこで浮いた余剰財政を軍備拡張や国内外のインフラ整備に投資し、二十世紀を迎えた世界のグローバルな国力競争に勝ち抜いていこうというものでした。まさに、今の「道州制」の論議につながる先見性のある改革案だったといえましょう。

とはいえ、国家の存亡を賭けて戦うことになる、来るべきロシアとの戦争を前にしては、首相の桂も、児玉を泣く泣く内閣から手放さざるをえませんでした。ひとつ懸念があるとすれば、次期首相の声もある副総理格の児玉が、参謀次長への降格人事を呑んでくれるかどうかでした。しかし、児玉は二つ返事で引き受けました。日本の軍人の中で、総理の座を自前にして、このような降格人事を受け入れたのは、児玉以外にいません。

国家の危機に際して、あえて「火中の栗を拾う」人物が繰り返し現われる。それは明治という時代がもった顕著な特質といえましょう。

私はこれこそ、明治日本が、あれほどの興隆をした最大の要因だったと思います。

児玉の「誤算」、旅順要塞

明治三十七年（一九〇四）二月四日、御前会議において「日露開戦」が決定され、十日、日本はロシアに対して宣戦布告を行ないました。

開戦直前に、参謀次長の児玉が立てていた作戦は、第一軍から第四軍まで「四本の矢」をつくり（のちに鴨緑江軍が加わる）、朝鮮や遼東半島にそれぞれ上陸した後、分散して進撃し、まず満洲の敵根拠地である遼陽を占領した後、さらに北上してロシア軍に決戦を挑むというものでした。

開戦後、児玉は戦線から離れた内地では実戦の指揮はとれないとし、参謀総長の大山巌に進言して、「満洲軍総司令部」を創設することにしました。留守を預かる東京の参謀本部とは別の組織として、戦場で直接指揮をとるべく、児玉は大山とともに海を渡ります。総司令官には大山が就任し、児玉は総参謀長となりました。

しかし、児玉は大きな「誤算」に見舞われます。明治二十八年（一八九五）の三国干渉の後、日本領土となるはずだった遼東半島南端の二都市（旅順、大連）を清国から租借したロシアは、軍港・旅順を取り囲む山々を、セメント二十万樽を使って固めた「永久要塞」に変身させていたのです。ところが事前に日本側はこうした情報をつかんでいませんでした。「上手の手から、水が漏れた」といいますか、情報をつねに重視した児玉としては悔やまれる失敗でした。

とはいえ、当の児玉も当初は旅順の攻略を想定しておらず、「あんな所は竹矢来《たけやらい》で囲んでおけばよい」などと放言していたほどです。まず彼が念頭に置いていたのは、満洲北部に進撃して一日も早く敵主力に決戦を挑むことだったからです。

それがなぜ、旅順の攻略に向かわざるをえなくなったのか。それは、海軍の強い要請があったからでした。日本海軍は開戦直後、湾内のロシア太平洋（旅順）

艦隊を封じ込めるため、数次にわたり「旅順港閉塞作戦」を実行したものの、すべて失敗に終わっていました。連合艦隊にとっては、ロシア太平洋艦隊を速やかに撃滅しておかなければ、やがてヨーロッパから回航してくるバルチック艦隊との挟み撃ちになり、日本の敗北は必至です。そのため、旅順港の艦隊を陸上から攻撃すべく、旅順要塞の攻略を陸軍に再三にわたり懇願してきたのです。

そこで旅順攻略を任されることになるのが、乃木希典の率いる第三軍でした。十年前の日清戦争で、乃木は旅順を一日で陥落させており、彼に任せておけば大丈夫だろうと、児玉は旅順攻略を楽観視していたようです。ところが八月十九日、第三軍は旅順要塞に向かって第一回総攻撃を開始しますが、一万六千もの死傷者を出しながら、なす術もなく撃退されるという、驚愕の事態が起こります。

第三軍はさらに十月二十六日、第二回目の旅順総攻撃を行ないますが、またも多大の犠牲を出しつつ、攻略に失敗。さらに翌十一月二十六日の第三回総攻撃も無残な失敗に終わり、実に数万にも上る戦死者を出してしまいました。すでに十月十五日、バルチック艦隊はバルト海沿岸のリバウ港を出港して「極東に向かった」との情報が伝えられ、日本側の危機感は募るばかりでした。

それにしても、第三軍の攻撃はなぜ悉《ことごと》く失敗してしまったのか。「繰り返し白兵突撃を命じた乃木の指揮の拙劣さによるものである」。司馬遼太郎『坂の上の雲』の大きな影響もあって、これが戦後通説になっている、このいわゆる「乃木愚将論」に対しては、後述するとおり、近年、説得力のある反論が唱えられています。

しかし、その前にまず私が指摘しておきたいのは、まったく別のことです。実は日露戦争時、日本の外交暗号や陸海軍の暗号はほとんどロシアに解読されており、また宮中にまでロシアのスパイが入り込んでいました。フランスの新聞『フィガロ』の記者バレーは、実はロシアのスパイだったのですが、東京では外務省や参謀本部だけでなく、宮中にまで情報網を広げ、御前会議の内容まで逐一ロシアに知らせていたことが、近年（二〇〇五年）、明らかになりました（『産経新聞』平成十七年一月三十日付の記事「日露戦争でも『ゾルゲ』暗躍」を参照）。それが、旅順攻略にも影響していた可能性が大きいと思われます。第三軍による総攻撃は、その日程から手順まで、ことによると事前に敵側に筒抜けだったのかもしれません。これこそ、旅順を「難攻不落」の要塞たらしめた、有力な要因の一つだったのではないでしょうか。

二〇三高地の「鬼」たち

いずれにせよ、十一月三十日、乃木の苦衷を察した児玉は、大山総司令官から「第三軍は、総司令官に代わって派遣される児玉総参謀長の指揮に従うべし」との一筆をもらった上で、再び旅順を訪れました。その後、起こった出来事は、児玉を描いた小説や伝記などでよく知られています。到着早々、児玉は第三軍の参謀たちを前に「貴様ら、何をしているのか」と怒鳴り散らした後、乃木と対面しました。そして、指揮官の乃木の体面を傷つけないことに配慮し、それとなく第三軍の指揮権を児玉が預かることを納得させたといいます。しかし、大山からもらった一筆は懐に隠したまま、乃木には見せなかったといわれます。もしそれを見た乃木が自責の念のあまり、己を恥じて自決してしまうのを恐れたからです。

その後児玉は、「無理です」と泣き言をいう第三軍の参謀をまたもや怒鳴りつけて、速やかに重砲（二十八センチ砲）陣地を移動させ、二〇三高地への集中攻撃を命じました。

二〇三高地は旅順要塞の主防御線からは外れていたものの、足下に旅順港を一望できる標高の地だったので、山越えで太平洋艦隊を砲撃するための観測所を設けることができ、従来から海軍が攻略を強く陸軍に要請していた場所でした。

この二〇三高地を攻略するため、児玉は非情とも思える決断を下します。今度こそ、占領を確実にするために、山上へ向かって突撃する日本軍歩兵の前後に、二十八センチ砲を撃ちつづけることを命じたのです。「それでは味方撃ちになってしまいます」。参謀たちは悲鳴を上げましたが、しかし児玉は聞き入れません。これまでと同じやり方では、むしろ徒《いたずら》に損害を増すばかりで、二〇三高地は永遠に攻略できない……。児玉の伝記には、その強い意志を物語る言葉が出てきます。

「あそこにいる日本兵が、この砲弾と一緒になって二〇三高地をとるんじゃ！」

あるいはこのとき、児玉は「人間」であることをやめ、「鬼」になっていたのではないか。そうとしか思えぬほど、このときの児玉の姿には鬼気迫るものがあり、それに接した第三軍の砲兵たちもまた「鬼」となって、泣きながら砲弾を撃ちつづけたといわれます。

かくして十二月五日、第三軍は二〇三高地を占領。すぐさま観測所が設けられ、湾内に降り注いだ砲弾の雨により、ロシア太平洋艦隊は壊滅したといわれます。そして、もしこれがなければ、翌三十八年（一九〇五）五月二十七日、日本海海戦での連合艦隊の勝利はありえなかったとされています。

同年一月一日、ロシア軍の守将ステッセルが降伏を申し出たことにより、ついに旅順要塞全体の攻略もなりました。その後、水師営で乃木とステッセルの歴史的会見が行なわれますが、あとで見るとおり、このとき、乃木はステッセルに帯剣のままでの降伏調印を許し、広く世界にその武士道精神を称えられたことは、あまりにも有名です。

奉天へ

旅順攻略後、児玉は既定の作戦どおり、満洲の荒野でクロパトキン指揮下のロシア軍主力を一気に粉砕すべく、二月二十一日、最後の決戦を挑みます。有名な「奉天会戦」です。日本軍二十五万、ロシア軍三十二万、双方合わせて五十七万人もの戦闘兵員が血で血を洗う、人類史上最大の会戦でした。

日本の国力からいって、ここが日本陸軍の「攻勢終末点」と見た児玉は、まさに乾坤一擲《けんこんいってき》の作戦を実行します。すなわち、日本陸軍は敵軍よりも劣勢であったにもかかわらず、メッケルの戦法に則って両翼から敵を包囲する作戦を立てたのです。ここで一気にロシア軍を殲滅して、戦争終結につなげるためでした。

ところが、包囲が完成する前にロシア軍は退却を始めてしまい、「長蛇を逸する」かたちになりました。このことは、たしかに情報の問題と並んで、軍事戦略家・児玉の「失敗」の一つに数えられるべきかもしれません。その上、すでに兵員、弾薬を消耗し尽くしていた日本陸軍には、ロシア軍を追撃する余力はもはや残されていなかったのです。

奉天会戦の日本側死傷者は七万、対するロシア側は九万、捕虜二万とされます。まさに、日本側がかろうじてつかみ取った勝利でした。

しかし、児玉の大きな功績として何より特筆すべきは、児玉が奉天会戦の直後、秘密裡に日本に帰国し、元老や重臣などを訪ね、日本の戦力が尽きていることを強く訴え、「早期講和」を説いて回ったことです。日清戦争のときのように領土と賠償金がとれなければ、国民が納得しないと考えていた首相の桂も、このとき、児玉の叱責を浴びて目が覚めた一人でした。そして九月五日、賠償金こそとれなかったものの、ポーツマス講和会議での外相小村寿太郎の頑張りでロシアから南樺太を獲得し、「日本勝利」を確定した上で講和を結ぶことができました。このことを知った児玉は、奉天の司令部で号泣したと伝えられます。

日露戦争での日本の勝利は、それほど際どい勝利だったのです。そして、その大局をつかみ、勝利をギリギリのところで可能にしたのは、軍人である児玉のなりふり構わない講和推進の努力でした。

元老との対立

こうして児玉の卓越した戦争指導により、日露戦争は日本の辛勝というかたちで終結を見たのですが、その後、彼にはもう一つの「戦い」が待っていました。

明治三十九年（一九〇六）五月二十二日、元老の伊藤博文は、今後の満洲経営のあり方を決めるため、時の首相西園寺公望や閣僚、そして元老たちを招集します（この会議は「満洲問題協議会」と呼ばれました）。この会議に児玉は、大山から受け継いだ「参謀総長」の肩書きで、軍の責任者として出席しました。

会議の席上、元老の伊藤は児玉に対し、「満洲はわが国の属領ではない。純然たる清国領土である。いつまで軍政を続けるのか」との正論をぶつけました。意外にもこれに元老の山県有朋、その子分である陸相の寺内正毅《まさたけ》までもが同調し、児玉はまさに孤立無援の状態に置かれます。

そこには、今後の満洲経営をめぐる大きな対立がありました。そもそも伊藤や山県、井上馨などの元老たちは、当時、一面の荒野にすぎなかった満洲に、まったく経済的価値など見出していなかったのに対し、児玉は「化外の地」台湾の近代化を軌道に乗せた経験から、満洲経営は十分投資に値するとの自信を密かに抱いていたのです。

結局、満洲のような荒野に足を突っ込むことで、欧米との間にいらぬ火種を生むことを恐れる元老と、台湾と同じように自分の手で、満洲の地を近代都市群に生まれ変わらせたいと願う児玉との溝は埋まらないまま、会議は物別れに終わりました。

それでも、児玉は諦めませんでした。その後、南満洲鉄道（満鉄）の設立が公布されると、七月十三日、児玉はその設立委員長に就任。さらに二十一日、児玉は台湾統治時代の部下である腹心の後藤新平を呼び出して、満鉄の初代総裁を引き受けてくれるように頼みました。しかし、ここまででした。

二十三日、児玉は脳溢血で、突然この世を去るのです。まだ五十五歳の若さでした。日露戦争終結から、わずか一年足らずのこの早すぎる死は、彼が戦時中の作戦指導ですでに精神を磨り減らしていた証《あかし》だったといえます。私は、本当は児玉は、「人間」であることをやめ、「鬼」となったあの旅順攻防戦の瞬間に死んでいたのかもしれない、と思うのです。実際、戦後も児玉は軍服をほとんど脱がなかったといいます。戦いで散った将兵の魂を悼んでいたから、といわれますが、それと同時に、戦後の児玉には、彼ら戦死者の後を追うように、どこか自分の死を待っていたかのような印象を受けます。

児玉の死後、その遺志を受け継いだのが、初代満鉄総裁となった後藤でした。児玉の理想をもとに後藤が唱えた方針は、「文装的武備論」というもので、軍備を前面に出さず、鉄道経営を軸としながらも、経済、教育、文化、都市計画を内地並みに充実させていく、という開明的な近代化路線でした。まさに、かつて児玉と後藤のコンビが台湾統治で追い求めたものが、その下地になっていることがわかります。

こうして一面の荒野にすぎなかった満洲には、内地をも凌ぐ近代都市が次々に誕生していったのです。その理想郷の源にいた人物こそ、児玉源太郎でした。とかく日本文明には、小さな「箱庭・盆栽型」というイメージがありますが、児玉はそうした枠にとどまらない、真に世界的スケールをもった稀有の日本人でした。

それだけに、その早すぎる死が悔やまれてなりません。もし彼が、あと十年か二十年長生きしていれば、日本だけでなく、東アジア全体の歴史も変わっていたかもしれません。少なくとも、山県よりも十四歳も若かった児玉が、もし昭和の初めまで生きていたなら、日本の政治はきっと別の道を歩んでいたはずです。

いずれにしても、ひとり児玉のみならず、未曾有の国難であった日露戦争において、旅順で、奉天で、そして日本海で、日本軍将兵は皆、実に勇敢に戦い、そして多くの人が散っていきました。

今日、この日本の戦争について語るときは、児玉などの英雄やリーダーたちについてだけでなく、この「民族の名もなき至宝」ともいうべきわれわれの父祖たる庶民が前線で、そして銃後で果した勲《いさおし》にも、忘れることなく深く思いを馳せるべきであり、また平和で繁栄する「日本とアジアの未来」を切《せつ》に願った、彼らの夢にもつねに思いをいたす必要があるのではないか、と思います。

第十一章

小村寿太郎（前編）
――日英同盟を締結させた気力と胆力

小村寿太郎［所蔵：国会図書館］

江戸の面影を残す飫肥に生まれる

日向《ひゅうが》国飫肥《おび》藩五万石（宮崎県日南市）。国の「重要伝統的建造物群保存地区」に選定され、江戸時代の面影を今に伝える静かな城下町です。七歳から十五歳まで、小村寿太郎は毎朝その町並みを歩き、藩校の「振徳堂《しんとくどう》」に通いました。飫肥を訪れた際、私はその小村の奏でる下駄の音が、今も聞こえてくるような気がしたものです。

近代日本の外交官の中で、小村ほど、真の意味で国際社会というものに通じた外交官はいないと思います。それでいて、また小村ほど日本人として「武士のエートス」――高い品性と強い矜持を保ち、身命を擲《なげう》って国事に尽くす覚悟――を感じさせる外交官は、あとにも先にも一人としていないと思います。日本史上、最も優れた外交官を一人だけ挙げよ、といわれれば、私は一瞬のためらいもなく、「小村寿太郎」と答えるでしょう。

安政二年（一八五五）、小村は飫肥藩の徒士《かち》・小村寛の長男として生まれました。アメリカのペリーやロシアのプチャーチンが来航し、開国を迫った翌々年のことです。小村家の「跡取り」として幼い寿太郎を厳しく訓育したのが、祖母の熊子でした。熊子はまだ暗いうちに行灯《あんどん》をともし、寿太郎を励まして読書を命ずるのが常でした。成長したのちも「国事に尽くす」以外に楽しみを知らない、といわれた小村の潔癖な性格は、この祖母ゆずりだったといわれます。ここでも世代を超えた、「祖父母による教育」がもつ意味を感じさせられます。

さらに、小村の人格形成に決定的な影響を与えたのが、「飫肥藩第一の人物」といわれた振徳堂の教師・小倉処平《しょへい》でした。実際、まだ十歳に満たない小村の将来を、小倉は見抜いていたといわれています。

維新後の明治三年（一八七〇）、当時は薩長土肥の雄藩出身者で占められていた東京の大学南校（明治新政府の官僚養成機関。後の開成学校、東京帝国大学）に、藩閥外の小村が入学を果たせたのも、小倉の建議で発足した「貢進生制度」のおかげでした。その後、明治八年（一八七五）、二十一歳の小村は第一回文部省留学生に選抜されて、アメリカのハーバード大学法学部に留学します。

しかし留学中、アメリカで小村は思いもかけない悲報に接します。恩師の小倉処平が明治十年（一八七七）に勃発した西南戦争で薩軍に身を投じ、玉砕の果てに自刃したのです。小倉は「征韓論争」で西郷隆盛を追い出した新政府のやり方に痛憤し、郷党を率いて西南戦争に参加していたのです。小倉は人柄や思想の面でも、まさに「飫肥の西郷」と呼ばれるにふさわしい人物でした。若き日にその小倉の薫陶を受けた小村が、「大南洲の心」の系譜につらなる人だったことは忘れてはなりません。

ただの欧米化した外交官ではなかった、ということです。

アメリカにあった小村は、「恩師死す」の悲しみを乗り越えて勉学に励み、優秀な成績で同大学を卒業しました。頭脳抜群なのはもちろん、この頃の小村には「サムライ」としての威儀が自然に備わっていたのでしょうか、彼に対しては、構内ですれ違うアメリカ人の学生の誰もが一々帽子をとり、敬意を表していたといいます。

その後、明治十三年（一八八〇）に帰国するまで、小村はニューヨークで約二年間、法律事務所に勤務、実務の研修もしています。彼ほどの「アメリカ通」の外交官は明治の世にも、おそらくはその後もいなかったでしょうし、それは現代でも同じかもしれません。

独断で清国と国交断絶

帰国後、小村はまず司法界に入った後、明治十七年（一八八四）に外務省に転じます。

しかし、得意の語学と法律の知識を活かして順調に出世の階段を上っていくかと思いきや、藩閥や閨閥《けいばつ》の庇護が受けられないため閑職に回され、実に十年もの間、雌伏のときを過ごさなければなりませんでした。

しかもその間、父寛が経営していた会社（旧藩の物産方）が倒産し、息子の小村が巨大な負債を引き継ぐ羽目になりました。借金取りが役所や官舎にも容赦なく押し寄せ、仕事にも支障を来すようになります。

見かねた大学南校時代以来の友人である杉浦重剛《しげたけ》（大正時代、当時皇太子の昭和天皇の訓育掛として倫理の御進講を担当）らが奔走し、そのおかげで小村の負債はようやく整理されるようになります。

もっとも、借金苦から解放された後も、小村が閑職にあったことに変わりはありません。しかし明治二十六年（一八九三）十一月、そんな小村に人生の転機が到来しました。閑職にくすぶっていた小村の才幹を鋭く見抜き、一躍、小村を北京駐在の臨時代理公使に大抜擢した人物こそ、「人材煩悩」といわれ、異才を見つけることにかけては人一倍の眼力をもっていた外相陸奥宗光《むつむねみつ》だったのです。それは、まさに日清戦争勃発の前年のことでした。

　日清戦争は、外相陸奥と参謀本部次長の川上操六が、首相伊藤博文らの反対を押し切って始めた戦争といわれます。長い雌伏の時代から、密かに「朝鮮問題」を研究していた小村もまた、その解決は「対清戦争しかない」と見て取っていました。それゆえ、駐清臨時代理公使になってからは、「開戦やむなし」の進言を本省に繰り返し訴えつづけました。

「朝鮮問題」とは、清国が朝鮮を属国として従属させる立場をとり、これに対して日本が朝鮮の独立を強く求め、両国が対峙したことを指しますが、ことはもう少し複雑でもありました。

　地政学的にみると、朝鮮半島は中国大陸と日本列島の間に存在する「堀にかかる跳ね橋」といえます。元寇が示したように大陸から日本列島を攻めるときは、必ず朝鮮を通る。逆に、豊臣秀吉の朝鮮出兵のように、日本から大陸へ進むときも朝鮮を通る。自らの安全保障を考えれば、日清両国とも、この「跳ね橋」を自らの影響下に確保しておきたい――というわけです。

ただ、朝鮮問題で日本が「主敵」と考えていたのは、実は清国ではありませんでした。強大な力をもって東アジアに進出してくる欧州列強、とりわけロシアだったのです。嘉永六年（一八五三）にプチャーチンが長崎に来航する前から、すでに何十年にもわたり、ロシアは樺太や千島列島で日本人への襲撃を繰り返していました。幕末にはロシアは対馬の占領さえ企てていました。これはイギリスの干渉で阻止できましたが、明治維新後もロシアは日本にとって潜在的な敵国・ナンバーワンでありつづけたのです。

そして、そのロシアがシベリア鉄道の建設に着手したのは、明治二十四年（一八九一）のことでした。シベリア鉄道が開通すれば、ロシアは数日のうちにヨーロッパから極東へ大軍を送り込めます。これは日本にとって恐るべき事態でした。そこで日本は、シベリア鉄道が完成するまでに、何とかしてロシアに対抗する「基盤」を整えておく必要がありました。そのためには、朝鮮半島という大陸との「跳ね橋」を、腐敗した老大国である清国の支配に任せておくわけにはいかなかったのです。

こうした信念のもと、清国との「早期開戦」を訴える小村は、明治二十七年（一八九四）七月三十一日、「開戦必至」と見て、もはや本国からの訓令を待たずに独断で清国との国交を断絶、北京公使館の引き揚げを断行しました。日清両国が宣戦布告をする前日のことです。しかし、それは小村の信念に基づく行動でした。当然、厳罰を覚悟して帰国した小村を、陸奥はひと言も咎めなかったといわれます。

「三国干渉」の屈辱

日清戦争勃発後、小村は第一軍司令官・山県有朋に従い、民政官として現地の占領政策に従事します。その際、小村は国際法に則った「王者」の軍が占領地でいかに振る舞うべきか、を士官たちに繰り返し説きます。当初はうるさがられ、「軍のやることに口を出すな」と反発されますが、その胆力、つまり肚の据わり方が「ただ者ではない」とわかると、軍人たちは小村に一目も二目も置くようになり、次第に深く信頼されるようにすらなったといわれます。こうして山県に加えて、第一軍隷下の第三師団長・桂太郎にも大いにその人物と力量を認められることになりました。

明治二十八年（一八九五）四月、下関条約が締結され、日清戦争は日本の勝利に終わりました。ところがその直後、日本はロシア、ドイツ、フランスに脅されて、清国から割譲された遼東半島を返還させられます。世にいう「三国干渉」です。当時、小村は日清戦争の疲れがたたって病床にありましたが、「三国干渉」の報を聞くと痛憤のあまり高熱を発し、一夜にして、それまでの貴公子然とした容貌から、現在われわれが写真で見る、目が窪み、頬がこけた顔相になったといわれます。いわば小村は、その身体に「三国干渉」の屈辱を刻みつけたということでしょう。

その後、日本が「三国干渉」に屈したことをみて、「日本弱し」とみた朝鮮宮廷では、七月、親ロシア派の王妃、閔妃《びんひ》を中心とした政権がつくられます。すると十月、日本の駐韓公使・三浦梧楼《ごろう》と日本人壮士が中心となって、閔妃を殺害する挙に出ました。こうして三浦らは、実に手荒な手段によって、親日派政権を樹立させましたが、日本政府は三浦を処罰することにして、小村に調査を命じます。

ところが翌年二月、ロシアの巻き返しにより三たび政変が起こり、朝鮮国王はロシア公使館に強制移住させられ、再びロシアを後ろ盾とした政権が発足しました。この間、三浦の後を受けて小村は駐韓公使に就任しますが、国王をロシア側に握られてしまった以上、なす術もありません。小村は、明治二十九年（一八九六）六月、「捲土重来」を期す覚悟で帰国を余儀なくされます。

ロシアの脅威が迫る

朝鮮から帰国した後、小村は外相西園寺公望のもとで、外務次官に就任します。しかし、小村を引き上げてくれた陸奥は、同年四月、重い病に苦しみ、外相を辞任していました（翌年八月、逝去）。

当時の日本人はあずかり知らぬことでしたが、このとき、ロシアは清国との間にある秘密同盟を結んでいました。「露清密約」と呼ばれるもので（一八九六年締結）、日本を仮想敵国とするものでした。この条約により、ロシアはシベリアから満洲北部を東西に横断してウラジオストックへと至る「東清鉄道」の敷設権を得ることに成功しました。

加えて、ロシアは「三国干渉」によって日本が清国に返還させられた遼東半島の旅順・大連を、今度は自らが租借して南満洲に本格的に進出してきました。それだけでなく、「東清鉄道」のハルピンと旅順・大連とをつなぎ、満洲を南北に縦断する「支線」（後の南満洲鉄道）の敷設権も獲得します。「東清鉄道」に加え、この「支線」まで完成してしまえば、シベリアから遼東半島までは一瀉《いっしゃ》千里でした。それは、満洲全土が実質的にロシアの勢力圏内に入ることを意味します。

さらにロシアの満洲進出は続き、明治三十三年（一九〇〇）、「北清事変」に乗じてロシアは十数万の大軍を満洲に進攻させ、事変の終結後も軍隊をとどめて、事実上、満洲全土を軍事占領してしまったのです。ロシアの次なる狙いが朝鮮半島の支配にあることは、当時の極東情勢からいって明白であり、ここに日本の安全は、重大な危機にさらされることになりました。

明治三十四年（一九〇一）六月、第一次桂内閣が発足したのは、まさにこうした時期でした。当初、この内閣は、元老が一人も入っていないので、国民から

「二流内閣」などと軽んぜられましたが、外相に小村寿太郎（九月就任）、内相に児玉源太郎、海相に山本権兵衛など、閣僚に次代を担うエース格を揃え、このあと四年半も続く長期政権となりました。そして、この内閣のもとで、日本は日英同盟締結から日露戦争の勝利に至る、あの「坂の上の雲」の時代、つまり明治日本の頂点を極めることになったのです。

桂内閣発足当時、ロシアの勢力拡張に脅威を強く感じるようになった日本政府の中では、二つの意見が対立していました。一つは、伊藤博文や井上馨、当初は山県有朋も含めた元老世代の「日露協商論」です。これはロシアの満洲支配を認める代わりに、日本の朝鮮半島支配を認めてもらう、いわゆる「満韓交換」により、日露間の利害調整を図ろうとするものでした。

一方、こうした元老たちの動きに対し、小村が唱えたのが、イギリスと提携してロシアを牽制する「日英同盟論」でした。

そもそも地政学的見地からいえば、伊藤ら元老世代が唱える「満韓交換」は最初から実現の見込みのない幻想でした。すでにロシアは満洲本土だけでなく、遼東半島の旅順・大連を手にしているのです。この二都市から海路を通じてウラジオストックへ至るには、渤海《ぼっかい》、黄海を経て対馬海峡を抜け、日本海を通っていくのが最短ルートです。そうなれば、朝鮮半島は完全にロシア海軍の制海圏内に入ってしまいます。また対馬海峡の制海権をめぐって日露の衝突は避けられません。仮にロシア側が戦争という手段に訴えなくても、自ずから韓国がロシアの経済圏内に入るのは、火を見るよりも明らかでした。

こうした有利な状況にあったロシア側にしてみれば、日本側の要求に応じて自ら韓国（当時、李氏朝鮮の国号は「大韓帝国」）を手放し日本の優位を認める必要など、どこにもなかったといえます。「満韓交換」論は、日本の希望的幻想にすぎませんでした。

「外交」よりも「内交」に苦労する

それでも伊藤は、最後まで「日露協商」路線にこだわりました。英露両国はすでに約一世紀にわたり、ユーラシア大陸の覇権をめぐって、世界史でいう「グレートゲーム」を繰り返してきました。もし日本が、その一方の当事者であるイギリスと同盟を結べば、ロシアとの対立が不可避になってしまうと考えたのです。

列強による「黒船」の威圧に屈して強引に開国させられた、幕末の「弱小日本」を肌で覚えている伊藤ら元老世代にとって、世界最強の陸軍国ロシアとの戦いは、到底、勝ち目がなく、日本の亡国を招く事態でしかありませんでした。そこで伊藤は井上馨のお膳立てを受け、明治三十四年（一九〇一）九月、ロシアとの合意をめざし単独で訪露の旅に出てしまったのです。

ここに至り、イギリス側との同盟交渉よりも元老たちへの説得のほうが、小村の最大の関心事となります。小村の言葉を借りれば、「外交」ではなく「内交」つまり国内の統一こそが、つねに日本の進路を決定する最大要因だとわかっていたからです。

そこで小村は桂とスクラムを組み、まず十二月に開かれた元老会議で、伊藤の同調者である井上馨を説き伏せ、日英同盟賛成派に転じさせます。その上で、訪露中の伊藤に対し、電報であれこれ注文をつけ、日英交渉が邪魔されないよう巧みに布石を打ちました。一方、伊藤による日露交渉は、予想されたように失敗に終わります。

かくして明治三十五年（一九〇二）一月三十日、日英同盟が調印されました。

皮肉にも伊藤の訪露がイギリス側を刺激して、日英間の同盟調印を急がせることになりました。それにしても、日英同盟締結は小村が外相に就任してからわずか四カ月後のことです。これだけの短期間のうちに、元老の反対論に真っ向から立ち向かい、このあと長く日本の国家戦略の要となる「日英同盟」という重大な外交目標を実現させた小村という人物は、いったいどれほどの器量と胆力の持ち主だったのでしょうか。

私はそこにやはり、大正・昭和期以降の日本人がともすれば失いがちであった「武士のエートス」を見る思いがするのです。

第十二章

小村寿太郎（後編）

――日本の勝利を決めたポーツマスでの粘りの交渉

ポーツマス会談（1905年）。テーブルを囲む小村全権たちとロシア側のウイッテ全権たち［提供：毎日新聞社］

秘密の「広報大使」金子堅太郎との誓い

明治三十七年（一九〇四）四月、日露開戦から二カ月後、一人の日本人がアメリカのボストンで熱心に演説していました。貴族院議員で男爵の金子堅太郎です。

金子は母校ハーバード大学のサンダース講堂に詰めかけた満員の聴衆を前に、日露戦争における日本の正当性を訴え、さらに黄色人種が白人に災いをもたらすという「黄禍論《こうか》」に対し、徹底的に反駁《はんばく》しました。「黄禍論」は日本の印象を貶《おとし》めるために、当時、ロシアがアメリカで精力的に行なっていた反日プロパガンダだったからです。金子の演説は聴衆の大喝采を浴び、金子は予定時間を大幅にオーバーして演壇を下りました。

世論の国アメリカにおいて、金子は日本の「広報大使」として各地で演説旅行を繰り返し、反日に傾きがちな米国民を親日にするという、対抗プロパガンダの「秘密工作」を遂行していたわけです。もともとアメリカは、独立戦争、さらに北部は南北戦争でロシアの支持を受けた歴史的経緯から、伝統的に親露感情が強い国でした。そのため、金子の「秘密工作」には大きな困難が予想されましたが、金子は得意のスピーチで徐々に親日派を増やしていきます。そして米大統領ルーズベルトと、終始連絡を取り合うことに成功しました。当時、日本政府は大国ロシアとの長期戦は不利と見て、とくにルーズベルトによる時機を得た講和の仲介に期待をかけていたのです。

このとき、なぜ金子がこの国運を賭けた大役に選ばれたのかについては、確たる説はありません。人口に膾炙《かいしゃ》しているのは、金子がルーズベルトとハーバード大学で同窓だったから、という説ですが、これは「誤伝」です。五歳違いの二人が実際にキャンパスで顔を合わせていた可能性は低く、知り合う機会を得たのはもっと後年のことです。

おそらく金子をアメリカに派遣したのは、小村だったのではないかと思います。前述のように明治八年（一八七五）、小村はハーバードに留学しますが、一年遅れでやってきたのが金子でした。まだ二十代であった二人は、経費節約のため同室に住み、一つの寝台と一個の机を共有したといわれます。異国の地で同じ「青春の時」を過ごした二人が、未曾有の国難にあたって「今こそ身命を擲《なげう》つ時」と誓い合ったことは、想像に難くありません。

さらに、小村が金子を選んだ別の理由は、元老伊藤博文の腹心だったからでしょう。金子は伊藤のもとで、明治憲法の起草に携わった一人でした。通説では、金子は伊藤の強い要請を受けるかたちでアメリカに向かったことになっています。だが、それはあくまで表向きのことで、事前に小村と意思の疎通ができていたと思われます。伊藤を講和斡旋を働きかけるための対米工作に巻き込めば、もともと対露戦争に反対であった他の元老の口出しも封じることができると、小村は考えたのでしょう。ロシアとの戦争という未曾有の国難を前に、小村は何より元老を含めた指導者層の結束強化を図っておくべきだとし、「外交」と同時に、「内交」に多大の注意と努力を向けていました。金子人事はその一環だったのです。

金子の働きによって、ルーズベルトが日本政府の期待どおりに日露間の「講和の仲介」を申し出たのは、明治三十八年（一九〇五）五月の日本海海戦の直後でした。たしかにその大勝利は、「もはやロシアに勝算なし」を世界に印象づけたといえます。しかしこのとき、すでに日本の国力は完全に限界に達していました。これ以上の戦争継続はまったく無理だというのが、元老や軍部の一致した意見だったのです。それだけにルーズベルトの講和斡旋は、日本にとって実に有難い申し出だったといえます。

とはいえ、ルーズベルトが講和斡旋を引き受けた理由は、すべて善意によるものだったわけではなく、実はそこにはまったく逆の思惑もありました。日本海海戦を見て、彼は早くも日本海軍に勝る大海軍の創設を決意しています。ルーズベルトは近い将来、日本こそ、アメリカにとっての最大の「仮想敵国」になることを、その瞬間見て取っていたのです。つまり、彼の講和斡旋の申し出の背景には、このあたりで日露戦争を「水入り」にしておくことで、これ以上の日本の勢力拡大に「歯止め」をかけよう、との意図があったのです。

あえて損な役回りを引き受ける

こうして明治三十八年八月十日、米大統領ルーズベルトの調停による日露戦争の講和会議が、米東海岸の港町ポーツマスで開かれることになりました。ポーツマス講和会議の日本側の首席全権、小村寿太郎が日本を出発したのは、その一カ月前のことです。

しかし本来なら、日本側の首席全権には元老の伊藤がなるべきでした。実際、ロシア側の全権は元大蔵大臣で、帝政ロシアのいわば元老クラスのリーダーであるウイッテが務めています。伊藤は日清戦争講和時の首席全権で、講和条約をまとめた経験があり、またウィッテらロシア代表団とも面識があり、まさに打ってつけの人物でした。しかし伊藤は、固辞に固辞を重ねて逃げました。これは他の元老たちも同じでした。

なぜならポーツマス講和会議は、たいへんな難航が予想されていたからです。当時、日本国民は、「旅順陥落」「奉天会戦の奇跡的勝利」「日本海海戦の完勝」という三大勝利を踏まえ、熱狂的な勝利感に浸っていました。それゆえ、日本の国内では「二十億円（当時の日本の歳出の三倍）の賠償金をロシアから分捕れ」、さらには「シベリアにまで攻め込み、全満洲に加えて沿海州を獲得せよ」という声まで上がっていたほどです。前述のように、すでに日本の戦力は限界に達していましたが、日本政府はそれをロシアに知られることを恐れ、国民に伝えませんでした。

とはいえ、国際的にはその事実は明らかで、日本政府が交渉でロシア側から大きな譲歩を勝ち取るのは不可能と見られていました。しかしそうなれば、これまで多大の犠牲や戦費の増大で困窮に耐えてきた国民の恨みを買うのは必至です。それだけに、元老たちはこれまで苦労して築いてきた自分の名誉ある地位を擲ってまで、損な役回りの首席全権などは引き受けたくなかったのです。

こうした元老たちの尻込みを見て、小村は、まさにその「火中の栗」を拾うべく、敢然とそれを引き受けたのでした。それも、やはり彼のもつ「武士のエートス」ゆえだったといえるでしょう。繰り返しになりますが、国家の危機に際して、このような人物が必ず現われたことこそ、明治という時代を日本史の中でひときわ輝かしいものにした最大の要因だったと思います。

まず講和交渉開始にあたって小村が注意したのは、暗号電報をロシア側に読まれないようにすることでした。実は日露戦争時、日本の外交、軍事暗号の内容は、ロシア側にすべて筒抜けの状態だったのです。また、前述したとおり、御前会議の内容さえ、その日のうちにロシア側に漏れていたほどです。

ロシアに暗号を読まれていることを日本がはっきり悟ったのは、開戦からおよそ十カ月が経った明治三十七年（一九〇四）十二月の、まさに旅順攻略に苦戦していた頃のことでした。日英同盟の誼《よしみ》により、イギリス情報部に通じていた英外交官スプリング・ライスから日本はその事実を知らされたのです。そこで、小村はこれまでの失態を繰り返さないように、ポーツマス講和会議には、日本随一の暗号の専門家だった佐藤愛麿《あいまろ》を同行して、万全の対策をとっています。

さらに、講和交渉開始のまさに直前の八月九日、ストックホルムで対露諜報活動をしていた長尾駿郎《としろう》陸軍中佐から、小村に一つの決定的な情報がもたらされます。それは、ロシアはすでに極東に軍隊を派遣する余力はない、という報告でした。七月に黒海沿岸のオデッサで起こった「戦艦ポチョムキンの反乱」を端緒に、ロシアでは革命騒ぎが激化し、すでに対日戦争どころではなくなっていたのです。その背景には、明石元二郎陸軍大佐による決死の「秘密工作」がありました。

明石はロシア国内の革命派と秘密裡に接触して資金や武器を提供し、帝政ロシアの足もとをぐらつかせることに成功していました。小村はこうした情報を総合的に判断し、ウイッテが交渉を決裂させるはずはない、と読んだのです。

「日本勝利」を決めた小村の奮闘

一方、ポーツマスにやってきたウイッテも交渉内容の暴露をエサにしてアメリカの新聞記者を巧みに操り、同時にキリスト教系の慈善団体に大金をばら撒き、アメリカ世論を懐柔する作戦に打って出るなど、大々的な対米世論工作でアメリカを味方につけ、日本の要求をはねつけようとしました。

しかし、小村が読んだとおり、ウイッテは実のところ帝政ロシアの安定のために、何としても戦争を早期に終わらせる必要があることも認識していました。そのため、さまざまな駆け引きを繰り返しながらも、交渉前に日本側が最低限の要求としていた三つの「絶対的必要条件」については、ほぼ日本の要求に近いかたちで受け入れる姿勢を見せます。こうしてまず小村は、その三条件、つまり「韓国に対する日本の自由裁量権」「日露両軍の満洲撤兵」「遼東半島の租借権譲渡と長春－旅順間の鉄道（後の南満洲鉄道）譲渡」を勝ち取りました。

もともと日本の元老や軍部の指導者は、この「絶対的必要条件」さえ満たせば交渉を決裂させるよりも、妥結させたほうがよいと考えており、この時点で小村は手を打ってもよかったのです。しかし、ここから、小村は、賠償金と樺太割譲を求めて粘りに粘るのです。そこには国内世論への対応とともに、日本が「戦勝国」であることを世界に示すには、賠償金か領土の割譲をロシアから勝ち取ることが不可欠だ、とする強い決意がありました。当時の世界常識として、それこそが「戦勝」の証とされていたからです。

一方、ウイッテにしても、それを認めることは、大国ロシアが東洋の小国日本に戦争で敗れた、という歴史的汚点を残すことになり、これまた絶対に承服できませんでした。両者は互いに「交渉決裂」を匂わせながら一歩も引かず、何週間も息詰まる「神経戦」を展開します。

そしてついに、小村はウイッテの口から「南樺太譲渡」の言葉を引き出したのですが、その翌日、ニコライ二世の「一寸の領土も、一ルーブルの賠償金も支払わない」との再訓電を受けたウイッテは、「交渉決裂やむなし」と絶望して、本国に帰る準備を始めました。一方、小村も、桂首相に「談判不調。戦争継続やむなし」を発電します。この小村の報告に驚愕した桂は、急遽元老を交えた閣議を開き、すでに「絶対的必要条件」を確保した以上、樺太割譲と賠償金は諦めるほかない、との結論に達し、明治天皇の勅裁を得て、小村に伝えました。ところが事態は急転直下、その直後に桂は、前の訓令を翻し、「南樺太を要求すべし」と小村に伝えるのです。それは、ギリギリのタイミングで駐日イギリス公使より、「実はニコライ二世は南樺太を日本に譲る意思がある」との情報が桂のもとにもたらされたからでした。ここでも情報こそが、「国運」を引き開く上で、最大の支えとなったといえるでしょう。

こうして八月二十九日、まさに交渉決裂寸前のところで、日本とロシアの最終交渉が行なわれ、駐日イギリス公使の情報どおり、ウイッテは南樺太の割譲を認めて、ついに交渉は妥結に至りました。九月五日、日露講和条約の正式調印が行なわれ、ここに日露戦争は名実ともに「日本勝利」という歴史的事実が確定したのです。もし小村の奮闘と粘りがなければ、日本はロシアから南樺太を得ることができず、世界は日露戦争を両者の「痛み分け」と見たかもしれません。

ところが十月、大任を果たして帰国した小村を、国民は誰一人として歓迎しなかったばかりか、「ロシア側に大幅に譲歩した」として、〝国賊〟呼ばわりする有り様でした。帰国直後、小村には身の危険すらあったため、彼が新橋駅に到着すると、桂首相と山本権兵衛海相が小村の両脇をしっかり挟んで歩みを進めました。小村を銃撃する不逞の輩《やから》があれば、ともに斃《たお》れん、との覚悟だったといわれます。

「アメリカ問題」という宿命

日露戦争の勝利により、日本は西洋列強の重圧をはねのけて独立と主権を確保するという、幕末以来の国是を成し遂げました。その意味で、ポーツマス講和会議は、明治維新以来の日本の悲願がついに達成された「近代日本の金字塔」として位置づけるべきものです。

しかし、それは同時に日本にとって、新たな困難に直面せざるをえない時代の始まり、でもありました。ポーツマス講和会議は、ルーズベルト大統領が仲介に立ったことで、それまで外界の問題には関わらないという「孤立主義」を国是としていたアメリカが本格的に国際政治の舞台に登場してきた、ということを世界に示す象徴的な出来事でもあったのです。すなわち、ルーズベルトのこの仲介外交は、アメリカが「世界大国をめざす」という意思表示でもあったのです。いいかえれば、このとき、日本とアメリカは太平洋を挟んでほぼ同時期に、「世界大国の座」をめざして歩みはじめていたのです。

「北方からの脅威」を克服したと思った途端、「東方からの国難」に日本は直面することになったわけです。外交官小村の次なる課題が「アメリカ問題」であることは、ポーツマスで宿命づけられていた、といえます。

先に動いたのは、アメリカでした。明治三十八年（一九〇五）八月三十一日、アメリカの鉄道王ハリマンが、まだアメリカにいた小村の不在を衝いて来日し、元老井上馨や大蔵官僚を巧みに説き伏せて、日本がロシアから得た南満洲鉄道に対して自分が資金を提供し、共同シンジケート（企業連合体）をつくろう、という提案をしてきたのです。井上や伊藤らは、日露戦争の戦費で国家財政が破綻しかけている日本が単独で南満洲鉄道を維持するのは難しいと見て、ハリマンの真意を見抜けないまま、その提案に一も二もなく飛びつきました。また陸軍閥のボス山県有朋も、当時は一面の荒野にすぎなかった満洲経営など、「一文の得にもならない」という考えでしたから、こうした伊藤や井上らの動きに同調します。

しかし、さすがに首相の桂は、このハリマンの申し入れに一抹の不安を感じたのか、協定はあくまで「予備の合意」として、時間を稼ぎ、小村の帰国とその判断を待つことにしました。

果たして小村は帰国するや、このハリマンの申し出が日本から南満洲鉄道を「横取り」しようとする策だと見抜き、強硬に反対して予備協定を破棄させました。なるほど「共同」といえば聞こえはよいのですが、当時の日米の経済力の差を考えれば、事実上、それは南満洲鉄道の経営権をアメリカに譲り渡すものにほかならなかったからです。

なお戦後日本では、このとき小村がハリマンの申し出を受け入れていれば、後年、中国大陸で日米の対立は生じなかった、したがってこのときの小村こそ「日米開戦の原因をつくった人物」という議論が時折見受けられます。しかし、小村はたしかにハリマンの申し出は拒否しましたが、一方で、ハリマンとは違い鉄道の所有にはさして関心をもたない米モルガン系の金融財閥から資金を調達するメドをつけていました。小村の一連の行動が、対米協調路線の否定を意図したものではなかったことは、いうまでもありません。

　実は小村は、アメリカとの衝突を避けつつ、日本の自主性と日米協調をいかに達成するか、を考え抜いていました。明治四十年（一九〇七）十二月、ルーズベルトは、アメリカの大統領として大西洋艦隊を極東方面に回航させる計画を立て、戦艦十六隻を基幹とする白一色で塗られた大艦隊——世にいう「グレート・ホワイト・フリート」——を米西海岸から出航させました。当時、日米関係は、サンフランシスコの日本人学童に対する公立学校入学禁止問題を機に、極度に悪化していました。日本の新聞の中には、この人種差別に反発し、感情的な反米論をぶち上げるものもありました。他方、ルーズベルトはアメリカの大艦隊をして日本近海を航行させる、という武力示威によって、日本の対米対抗心を抑え込もうという戦略でした。

　しかし、小村はその「挑発」に乗るべきではないと考え、アメリカ側が日本への威圧を目的にしていたのに、それを逆手にとって、当初、日本に寄航する予定のなかった米大西洋艦隊を横浜港に入港するよう招待したのです。そして乗組員たちの上陸を許可し、朝野挙げての大歓迎ムードを「演出」するのです。これにより、日露戦争後、急速に悪化していた日米関係は小康状態に向かいました。日本きっての「アメリカ通」でもあった小村ならではの、見事な外交手腕だったといえるでしょう。

その後も小村は、「アメリカ問題」についてつねに熟慮を欠かしませんでした。そしてアジア・太平洋に大きく進出し始め世界大国への道をひた走るアメリカに対して、日本は基本的な国家戦略を樹立しておく必要があることにも気づいていました。

けれども、彼に残された時間はほとんどありませんでした。しかも、そのわずかな間に、韓国併合や不平等条約の完全撤廃（関税自主権の回復）など、病軀をおして日本外交における最大の懸案事項の処理と解決を、ほとんど一人で成し遂げたのです。その胆力たるや、恐るべしです。だがその小村も無理がたたり、明治四十四年（一九一一）十一月、ついに燃え尽きるようにしてこの世を去りました。享年五十七。「運命のポーツマス」から、わずかに六年後のことでした。

幕末以来の国是だった「日本の完全独立」を、日英同盟と日露戦争の勝利、そして不平等条約の撤廃によって達成したその偉大な功績を見れば、わが国の歴史上、小村が「最も優れた外交官」の一人であることは疑いありません。しかし、戦後、外務省はその小村の銅像を敷地内から撤去してしまいました。韓国併合など〝帝国主義時代の外交官〟を顕彰するのはまずい、あるいは「平和外交」に徹する戦後日本の外交官が仰ぎ見るにはふさわしくない、とでもいうのでしょうか。しかし、どんな国であれ、自らの「大いなる伝統」との絆を断ち切った国の外交が、うまくゆくはずはありません。

一方、小村の出身地である宮崎県・飫肥《おび》の、桜の名所として知られる竹香園（宮崎県日南市）には、今も彼の銅像が立派に建っています。国家に身命を捧げた一人の「サムライ」の姿を、これからも飫肥の人たちは永遠に慕いつづけていくのでしょう。

近代日本の輝かしい伝統は、決して失われてはいないのです。

第十三章

乃木希典（前編）

――松陰の志を継ぐ宿命を己に課して

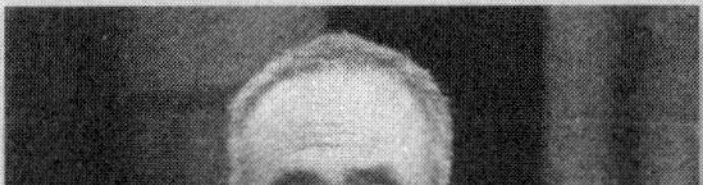

乃木希典［所蔵：国会図書館］

「さん」づけで呼ばれた英雄

日本史上、その事績が伝記や小説などで繰り返し語られる人物は大勢いますが、親しみを込めて「さん」づけで呼ばれてきた日本近代史の英雄となると、そう多くはありません。その一人が西郷隆盛です。西郷が醸しだす質朴で剛毅、かつ包容力に満ちたイメージは、長らく日本人の理想の英雄像とされてきました。

しかしもう一人、明治、大正、そして敗戦後も昭和三十、四十年代頃まで、西郷と同じように「さん」づけで呼ばれ、日本人の「こころの英雄」として国民に敬慕されてきた人物がいました。乃木希典《まれすけ》です。日本史の一大結節点である幕末から明治にかけては、能力的に傑出した人物が数多く輩出した時代でしたが、国民が真に愛したのは、大久保利通でも伊藤博文でもなく、「西郷さん」であり、「乃木さん」だったわけです。

最近は龍馬人気に押されてさほどではありませんが、いまも西郷は国民の間で敬愛されています。しかしこれに比べ、近年、乃木の評価はあまり芳しくありません。現在流布している一般の乃木像は、ただ朴訥《ぼくとつ》なだけで、おまけに「戦下《いくさべた》手」の無能な指揮官というものでしょう。いわゆる「乃木愚将論」です。戦後におけるこうした評価のもとになっているのが、司馬遼太郎氏の小説『坂の上の雲』であるといえるでしょう（そして司馬氏がその評価に際し大きく依拠したのは、戦前の〝一次資料〟として知られる谷寿夫『機密日露戦史』でした）。

司馬氏はノモンハン事件（一九三九）などで暴走した昭和陸軍がつくった〝精神主義一本槍〟の、一方的な「軍神乃木」像に対する強い嫌悪感がありました。そのため、『坂の上の雲』では児玉源太郎の有能さと比較するように、日露戦争時の旅順攻防戦における乃木の無能さが強調されています。

とはいえ、最近の研究ではこうした「乃木愚将論」に対する説得力ある反証が唱えられるようになってきました（とくに桑原嶽『乃木希典と日露戦争の真実』〈PHP新書、二〇一六年〉が詳細に論じていますが、同書には私、中西輝政も短い紹介文を寄稿しています）。私も乃木が戦下手の指揮官であったとは思いませんが、ここで専門的な戦史の講義を語るつもりはありません。まず何よりも大切なのは、乃木とてわれわれと同じ人間だったという視点でしょう。

その上で私は、乃木を「明治日本で最も劇的な生涯を送った人間」と捉えています。というのも、乃木はその人生で、何度も本当に劇的な転機を重ねてゆくからです。なぜそうなったのか。それは明治という時代が、乃木希典という人間を必要としたから、としかいえないところがあります。だからこそ、かつての日本人は、乃木の中に本来の「明治の精神」、いいかえれば「日本人のこころ」の精髄を見出し、たまらない親愛と愛惜の情を注ぐことになったのでしょう。

小倉城一番乗り

嘉永二年（一八四九）、乃木希典は長州の支藩・長府藩士乃木希次《まれつぐ》の三男として、麻布日ヶ窪の長府藩邸（現・六本木ヒルズ）で生まれました（兄二人は早逝）。つまり、乃木希典はそもそも「江戸っ子」だったということです。乃木家は代々藩医を務める家系でしたが、父希次は武芸に秀で、士分に取り立てられて家禄八十石を賜った人でした。それだけに希次は「誰よりも武士らしく」生きようと努め、息子の希典に対しても徹底したスパルタ教育を施しました。ところが、幼少の希典は幼名の「無人《なきと》」をもじって「泣き人《と》」と囁かれるほど身体が弱く、泣き虫な子供でした。それでも希次は容赦しません。一番有名なのは、真冬のある日、寒さを口にした希典を父の希次が井戸端に連れていき、頭から冷水をかぶせたという逸話でしょう。

その後、剛直な希次は藩政の問題について意見を上申したことから、閉門謹慎の処分を受け、突如帰国を命じられます。希典も父に従い、長府に帰国します。ときに希典、十歳でした。

文久三年（一八六三）、希典は年少の武士を教育する長府の「集童場」に入り、文武の勉強に励みます。とはいえ、虚弱な身体では武芸を続けていくのは無理と悲観し、将来は得意な学問で身を立てたいと思うようになりました。しかし、あくまで「武士としての道」を望む父に反対されると、十五歳の希典は出奔してしまうのです。

乃木が向かったのは、萩の玉木文之進の家でした。玉木家と乃木家は縁続きでもありましたが、何よりも玉木文之進は、あの吉田松陰の叔父であり、幼少より松陰を厳しく鍛え上げた人でした。そもそも松陰が高杉晋作や久坂玄瑞ら維新の志士を教えた松下村塾の前身は、天保十三年（一八四二）にこの玉木文之進が開いたものだったのです。

しかし玉木は、父母に背いて家出してきた乃木を「武士にあるまじき行為」と叱りつけ、入門を許しませんでした。それを玉木の妻が憐れんで引きとめ、乃木は何とか玉木家の世話になることができたのです。もっとも、当初玉木は乃木に学問を教えず、ただ畑仕事を手伝わせるのみでした。すると一年も経たないうちに、虚弱だった乃木の身体は、見違えるほど逞《たくま》しくなっていきました。

元治元年（一八六四）、乃木は晴れて玉木に入門を許され、以後、四年間もの間、玉木に師事することになります。それは乃木の生涯における一度目の大きな「転機」だったといえましょう。翌年、乃木は萩の藩校「明倫館」に通うようにもなりました。

すでに六年前に、松陰は安政の大獄で刑死していましたが、玉木は乃木に対して松陰直筆の「士規七則」を与え、松陰の精神を伝授しようとしました。「士規七則」は武士の心得を記したもので、人たる所以《ゆえん》、士道のあり方、天皇への忠義などが説かれています。こうして乃木は玉木を通じて間接的ながら松陰の志を受け継ぎ、松陰を「生涯の師」とするようになったのです。乃木の父希次はそんな息子に対し、ある一冊の本を自ら筆写して送り、父親としての愛情を示しました。山鹿素行《やまがそこう》の『中朝事実』です。

　山鹿素行は江戸前期の儒学者・兵学者で、多くの儒学者が明・清を「中華」として傾倒しているのを批判し、万世一系の天皇を戴く日本こそ「中朝」であるとして、『中朝事実』を著わしました。そもそも松陰は、その素行に始まる山鹿流兵学を家学とする吉田家の跡取りとして鍛えられた人でした。松陰が唱えた「士規七則」も、素行の『中朝事実』がもとになっています。乃木もまた『中朝事実』を生涯、座右の書とし、戦場に赴く際も肌身離さず携行したといわれます。

　ちなみに『忠臣蔵』で有名な大石内蔵助《くらのすけ》は、山鹿素行の門弟の一人です。幼少の頃、乃木は父希次より赤穂四十七士の話を武士の手本として、何度も繰り返し聞かされて育ちました。実は、乃木の生誕地である江戸の長府藩邸は、赤穂浪士十名が切腹を賜った地でした。そしてこの赤穂浪士十名は、長府毛利家の菩提寺でもある泉岳寺に埋葬されました。毎月、藩公の命日には乃木は父希次に従って泉岳寺に行き、藩公の墓に詣でた後は浪士の墓に参ったといいます。

　しかも、時代は風雲急を告げていた幕末です。慶応二年（一八六六）六月、当時十八歳（数え年）の乃木に初陣の機会がやってきました。幕府の大軍が長州藩領に攻め寄せ、四境《しきょう》戦争（第二次長州征伐）が勃発したのです。当然ながら乃木は、長府藩「報国隊」の一員として出陣し、九州小倉口で戦いました。この方面の指揮官は、すでに見たように、松陰の愛弟子・高杉晋作です。小倉口の幕府軍五万に対し、奇兵隊を主力とする長州軍は、わずか一千にすぎませんでした。

戦後の歴史書の多くは、四境戦争における長州軍勝利の要因を薩長同盟と西洋銃に求め、あたかも「勝つべくして勝った」という記述がなされています。たしかに、武器の優越もあったでしょう。しかしそれだけで説明を終えるのは、フェアな歴史解釈とはいえません。そういう鈍感さでは歴史から何も学ぶことはできないでしょう。そこに人間の姿を見ていないからです。

このとき、小倉口の指揮官・高杉晋作は「勤皇ノ戦ニ討死スル者也」という襷《たすき》をかけて指揮をとり、馬関海峡を渡って乾坤一擲の敵前上陸を敢行しました。先に逝った師・松陰の志に殉じようとするこの晋作の気迫が、先に見た「功山寺の決起」と並んで、再び長州藩を滅亡の危機から救い、「維新回天」、つまり日本史転換の扉を押し開けたのです。

そしてこの戦いで「小倉城一番乗り」を成し遂げた男こそ、初陣ながら、晋作から大砲一門と兵十数名を預かる小隊長に抜擢された乃木希典でした。司馬遼太郎風の「乃木愚将論」を一蹴するようなその目覚ましい働きもさることながら、「維新回天」に向け、なぜかつねに歴史の重要局面で登場してくる乃木の劇的さに、私は改めて驚かされます。まさに「運命の人」（英語でこれを、「マン・オブ・デスティニー」といいます）というしかありません。その後、乃木は戊辰戦争には従軍することなく明治維新を迎えているだけに、このときの活躍はなおさら強烈な印象を残しています。ところで、乃木が小倉城一番乗りを果たした際、戦利品として分捕った名馬を横取りしたのが、当時、奇兵隊軍監であった山県有朋といわれます（櫻井忠温《ただよし》『将軍乃木』実業之日本社、一九二八年）。後年の二人の因縁を思うと、興味深い話です。

乃木を襲った「二重の衝撃」

明治四年（一八七一）、乃木は一躍陸軍少佐に任命され、以後、四十年にわたる軍歴が始まりました。明治八年（一八七五）には、熊本鎮台・歩兵第十四連隊長心得に就任。ここで乃木は生涯二度目の「転機」を経験します。

当時、新政府の方針に不満をもつ士族が各地で蜂起の気配を見せており、萩では前参議の大物・前原一誠《まえばらいっせい》を中心に反政府の気運を高めていました。その「前原党」の有力な幹部となっていたのが、乃木と五つ違いの実弟・玉木正誼《まさよし》です。正誼はその人物を玉木文之進に認められ、玉木家の養子となっていたのです。

その正誼は、新政府の陸軍士官となっていた兄希典のもとをたびたび訪れては、決起に参加してくれるよう懇願します。しかし、乃木はあくまでこれを峻拒《しゅんきょ》するのでした。やがて乃木は、旧秋月藩士族による乱（秋月の乱）に出動、これを平定した直後、驚くような報せを受け取りました。萩で前原党が蜂起したこと（萩の乱）、そしてこの乱で前原と行動をともにした弟正誼の戦死、さらには恩師・玉木文之進自決の悲報でした。明治九年（一八七六）十月のことです。玉木が割腹したのは、養子正誼や多くの教え子が萩の乱に参加した責任をとってのことでした。

多くの乃木伝は、このときの心情について詳しくは触れていません。しかし、肉親と恩師を一度に失った乃木が悲嘆に暮れなかったはずはないし、政府側の軍人としてそれを強い負い目に感じなかったはずもないでしょう。もしこのとき、乃木の心の支えになるものがあったとすれば、それは山鹿素行の『中朝事実』と松陰の教えだったと思います。

私情を超えた天皇への忠義を貫くことが、「明治の武士」の生きる道である——。乃木は、新政府への忠誠という、抽象的観念ではなく、天皇への忠義という「武士」としての信念を奉じることによってしか、自らの心の痛みを乗り越える術がなかったのかもしれません（またそれは、二十九年後、二人の愛息を旅順で戦死させた後、乃木の人生をも照らし出す「心の光」ともなりました）。

しかしそんな乃木を、さらなる悲劇が襲います。生涯三つ目の「転機」となる西南戦争時の「軍旗喪失事件」です。

すでに見たように明治十年（一八七七）二月、西郷隆盛を首領とする薩軍一万三千が熊本城を包囲しました。乃木は歩兵第十四連隊長として連隊の主力を率いて小倉を出撃し、夜行軍の果てに、児玉源太郎らが籠城している熊本城の北方、植木の地で薩軍と遭遇しました。

戦闘は凄まじい白兵戦となり、乃木は一時撤退を決意。その際の混乱の中で、天皇から授かった大事な連隊旗を敵に奪われてしまうのです。

恩師と実弟を同時に喪《うしな》った「萩の乱」を乗り越え、あくまで天皇の忠臣たらんとすることで自分を支えようとしていた乃木にとって、「軍旗喪失」という軍人にあるまじき失態を犯したことは「二重の衝撃」となって、彼の心に重くのしかかりました。乃木は恥辱のあまり、自ら何度も死地に入り、あえて薩軍の正面に立ち敵弾に当たって死のうとするも果たせません。西南戦争終了後、今度は割腹を試みますが、これも友人の児玉源太郎に止められて断念しました。後年、乃木は明治天皇のあとを追って殉死を遂げる際、この軍旗喪失への謝罪を遺言の第一に挙げたことはよく知られています。

西南戦争での軍旗喪失は、乃木の「生涯最大の痛恨事」でしたが、もう一つ重要なことは、このとき、明治天皇が乃木という一人の人間を見出したことでしょう。軍旗を喪失して恥辱のあまり敵弾にあえて身を曝《さら》して死のうとしている乃木の異常な行動は、やがて明治天皇の耳にも達しました。すると明治天皇は、「乃木を殺してはならん」と、前線指揮官の職からわざと外すように命じられたのです。明治天皇は乃木の責任感の強さに対して、深く人間としての信頼の念を寄せられたのでしょう。

そしてまた、この内戦の最後に城山で散った西郷隆盛も、明治天皇が深く愛された人物でした。象徴的な言い方をすれば、明治十年のこのとき、明治天皇と西郷隆盛と乃木希典という、三人の「こころ」が交錯し、そして一つになることで、明治という時代、さらに理想としての「日本人の生き方」が、この国の歴史の中に浮かび上がったといえましょう。それは同時に、どんなときも、われわれが一番大切にすべき「日本人のこころ」が光り輝いた瞬間ではなかったでしょうか。

たしかに、西郷は天皇に対し弓を引く「叛徒の首魁《しゅかい》」でした。そして乃木は天皇の信任（軍旗）を結果的に蔑《ないがし》ろにした「恥辱の臣」です。しかし、天皇はこの二人の「まごころ」を知り尽くし、親が子を抱きしめるようにして二人を赦されました。また広く国民がこれに共感することによって、己を虚しくして大義に殉じる、という「明治の精神」がここに確立したように思えます。

文明開化や殖産興業をいくら推し進めようとも、そこにこうした人間としての「まごころ」がなかったならば、しょせんこの国の未来は危ういのではないか――つねにそのことを危惧されていた明治天皇にとって、西郷や乃木の精神こそ国づくりになくてはならない特別な宝物として大切に思われ、また彼らを愛《いと》おしく感じられたのでしょう。

甦る松陰の精神

もっともその後、中佐、大佐を経て少将まで累進する乃木は、軍旗喪失で受けた恥辱を忘れるかのように、料亭に入り浸っては大酒を呑む毎日を送りました。当時、高級将校が部下を引き連れて豪遊することが「軍人の嗜《たしなみ》」とされていた時代とはいえ、乃木のそれは少々度がすぎていたようです。このときの乃木の心情を推し量るのは難しいですが、「死に場所を失った者」に特有の、自暴自棄とさえ見える、大いに鬱屈《うっくつ》したものを抱えていたことは間違いないでしょう。

そんな乃木の態度が一変したのは、明治二十一年（一八八八）、ドイツ留学から帰国した後のことでした。ドイツから帰った乃木は自宅でも常時軍服を着用し、酒杯を遠ざける「陸軍一の堅物な男」になっていたのです。あまりの変貌ぶりに驚いた周囲が理由を尋ねても、乃木はただ、「感ずるところあり」と答えるのみでした。一説には、留学でドイツ軍人の質実剛健な生活ぶりに感化された、といわれますが、私は違うと思います。乃木のドイツ滞在は一年余りにすぎませんでしたが、そこで、西洋文明の本質に触れたからではないかと思うのです。凄まじい勢いで西欧に興隆しつつあった近代文明をその目で見て、そんな、日本人にとって何より大切な「こころ」というものを欠いた物質文明の行き着く先は、人間文明の大いなる破壊にすぎない、と感じたからだと思います。

当時のドイツはビスマルク外交華やかなりし頃であり、また西洋諸国はパワー・ポリティックスの修羅場を繰り返していました。ちょうど西郷隆盛が耳学問だけで、西洋文明は「野蛮である」と、その本質を喝破してみせたように、乃木の鋭い感性は、わずかな留学期間でも、この頃の近代西洋文明に対する強烈な違和感と、そんな西洋の物質主義をやみくもに手本とする当時の日本に深い危機感を抱かせるのに十分だったのでしょう。ドイツ留学は、乃木の生涯で四度目の「転機」になりました。

かくしてドイツ帰国後、乃木は、破壊を事とする軍隊に、実はなくてはならないものがある、それは精神、すなわち「日本人のこころ」であり、自分はそのことをつねに意識して「日本軍人の模範」たろうと決意したのです。そして、厳しく自己を律し、一段と研鑽に励みました。国を挙げて西洋文明の輸入を急ごうと狂奔しているときに、乃木は時代に逆行するかのように、日本古来の武士が大切にしてきた徳義を重んじる生き方を身をもって示そうとしたのです。幾多の「転機」を経て、ここに乃木は「松陰の志」を受け継ぐ者、という自らの原点を見出し、それを「己の宿命」として課すことを深く是認するに至ったのです。

明治二十七年（一八九四）、日清戦争が勃発すると、乃木は歩兵第一旅団を率いて出征します。乃木の属する第二軍第一師団は、堡塁《ほうるい》と砲台に守られた旅順要塞をわずか一日で攻略。その後も乃木は第一混成旅団を指揮し、各地を転戦しました。とくに「蓋平《がいへい》の戦い」では、桂太郎の指揮する第一軍隷下の第三師団を包囲する清国軍を撃破して桂の師団を救出するなど、目覚ましい活躍を重ね、名将ぶりを世界に示しました。

明治二十八年（一八九五）四月、講和条約が調印され日清戦争が終結すると、乃木は「(乃木) 将軍の右に出る者なし」という最大級の賛辞を受けて凱旋帰国しました。運命の日露戦争の十年前のことでした。

第十四章

乃木希典（後編）
——自らの死で示した日本人への警鐘

奈良市内の郡山街道での観兵式に臨む明治天皇と、白馬にまたがり捧刀して従う閲兵指揮官・乃木希典大将。1908年の特別大演習の観兵式のときの写真と推定される［提供：朝日新聞社／時事通信フォト］

「名将」の資質

「将軍の右に出る者なし」と、日清戦争で指揮をとった将官の中では最大級の賛辞を受けて乃木希典が帰国したのは、明治二十八年（一八九五）四月のことでした。野戦指揮官としての乃木の名声が、当時から国内だけでなく海外にまで鳴り響いていたことを、近年のいわゆる「乃木愚将論」は無視しています。

休む間もなく同年九～十月、乃木は日清間の講和条約で日本領となった台湾の平定作戦に従事した後、翌明治二十九年（一八九六）十月、桂太郎の後任として第三代台湾総督に就任しました。六十九歳の老母・寿子を連れての赴任は、「台湾の土にならん」との乃木の覚悟の程を示しています。

しかし、赴任後すぐ寿子が疫病にかかって亡くなるという悲劇に見舞われた上に、悪徳商人や汚職官吏が横行する「政治の世界」は潔癖な乃木には合わなかったようで、明治三十一年（一八九八）二月、乃木は後事を児玉源太郎に託し、帰国せざるをえませんでした。

台湾総督を辞任し帰国した乃木は、七カ月の休職の後、同年十月、香川県善通寺に新設された第十一師団長に任じられます。乃木はこの新設の師団の将兵を厳しく鍛えると同時に、深い慈愛をもって接したので、多くの将兵からほとんど「無限に近い信頼」を得るに至ったといわれます。

真夏の炎天下、師団の工兵隊が橋を架ける訓練をしていた日のことです。気づくと乃木が一人で対岸の河原に立ち、こちらを見つめています。やがて正午になり、兵士たちが弁当を食べると、乃木も握り飯を頬張り、兵士が河原に寝転んで休息をとれば、乃木もそうしました。作業再開後、乃木は再び午前と同じく河原に立ち、夕方作業が終わるまでその場を立ち去りませんでした。最初は「監視されている」と思って緊張していた兵士たちも、乃木が自分たちとあえて困苦をともにしようとしているのだと気づき、感激しない者はいなかったといいます。

この第十一師団こそ、のちに日露戦争最大の激戦となった旅順攻囲戦において、第三軍司令官乃木希典の下で勇戦敢闘する師団の一つとなるのです。

わが身はつねに兵士とともにある——乃木自身が「理想」として己に課した指揮官の姿は、日本人が愛する「名将」像そのものであったといえましょう。そして乃木の軍人、指揮官としての最大の長所は、作戦や戦略を練るといった以前の、この「統率力」という点にありました。これは当代随一であり、文字どおり「乃木の右に出る者はいない」と、同時代の軍人は口を揃えていっていたのです。

ところが、そんな乃木が第十一師団長を辞任せざるをえない事態に追い込まれます。明治三十三年（一九〇〇）、義和団事件が勃発した際、第十一師団から派遣されたある歩兵連隊の幹部が、分捕った馬蹄銀《ばていぎん》を着服していたことが発覚したのです。これは直接的には派遣軍司令官の責任といえましたが、乃木は部下の中から不祥事を起こした者が出たことに強い自責の念を抱き、休職願いを出して師団長を辞してしまったのです。以後、三年近く栃木県の那須野に引き籠り、一農夫の生活を送りました。けれども乃木は、もし国難が起きれば、いつでも戦場に馳せ参じる覚悟を保持していたといいます。

「二〇三高地問題」の裏にあったもの

明治三十七年（一九〇四）二月四日、御前会議で「日露開戦」が決定され、十日、日本はロシアに対して宣戦布告を行ないました。

同年五月、遼東半島南端の要塞都市・旅順を攻略するため第三軍が編成されると、乃木はその司令官に任じられます。戦後、昭和四十年代になって、司馬遼太郎氏がその作品の『殉死』や『坂の上の雲』を発表して以来、この旅順戦で第三軍は膨大な犠牲を出したことから、「乃木ほど軍人の才能の乏しい男もめずらしい」という司馬氏の乃木評がすっかり広まってしまいました。しかし近年の研究（前述したとおり、桑原嶽氏の著作が代表的なものですが、他に旅順戦については、別宮暖朗《べつみやだんろう》『「坂の上の雲」では分からない旅順攻防戦』〈並木書房、二〇〇四年〉、その改題版『旅順攻防戦の真実——乃木司令部は無能ではなかった』〈PHP文庫、二〇〇六年〉があります）は、こうした乃木評が誤りであったことを明らかにしています。

『殉死』や『坂の上の雲』で乃木が「愚将である」との根拠にされたのは、海軍が繰り返し要請した比較的防備手薄と見られた二〇三高地を攻めず、東北正面の攻略にこだわったため、いたずらに犠牲が増すばかりであった、ということをもっぱら問題とするものです。たしかに、海軍が二〇三高地の奪取にこだわったのは、そこに観測所を設けて旅順港内の太平洋（旅順）艦隊を砲撃するためでした。しかし、東北正面を主攻することは、第三軍司令部のみならず、満洲軍総司令部の大山巌総司令官も児玉源太郎参謀長も実は同意していたことだったのです。というのも、それが当然の軍事的選択だったからです。

そもそも二〇三高地は、東北正面の東鶏冠山《ひがしけいかんざん》、二龍山《にりゆうざん》、松樹山《しようじゆざん》の「三大永久堡塁」や本要塞からは、西に約五キロも外れた地点にあり、いわば孤立した要塞の一部にすぎません。そして、もしその攻略に手間取れば、周囲の大案子《だいあんし》、北太陽溝《きたたいようこう》、西太陽溝といった要塞からロシア兵が塹壕《ざんごう》を伝って救援に駆けつけてくる恐れが十分にあり、戦線はかえって膠着《こうちやく》状態に陥ったでしょう。そもそも、東北正面の要塞群の前をぐるりと迂回して二〇三高地を攻めろ、などというのは、海軍の視野の狭さからくるエゴにすぎず、およそ軍事的合理性を欠いた「机上の空論」だったのです。

事実、第一回総攻撃（八月十九日〜）、第二回総攻撃（十月二十六日〜）で第三軍が膨大な損害を被った後も、満洲軍総司令部の大山・児玉の両巨頭は、海軍や世論の圧力に屈した山県有朋らが牛耳っている大本営（東京）からの、再三にわたる「二〇三高地攻略要請」を繰り返し拒否しています。「大本営」とは、戦時に際して設置される陸海軍合同の最高統帥機関のことですが、海軍の軍令部長、陸軍の参謀総長などで構成されているので、海軍の圧力にも弱かったといえます。

しかし実は、二〇三高地をめぐって大本営と満洲軍総司令部の方針が対立した背景には、「山県有朋問題」がありました。「山県の爺さんの作戦への介入を許せばこの戦争は負ける」と信じていた児玉は、大本営を経由せずに満洲のすべての日本陸軍を指揮する「陸軍総督府」の構想を日露戦争勃発直後に示しましたが、山県の子分である寺内正毅陸相の猛反対に遭って、頓挫してしまいます。

結局、「ニコポン」の桂首相が調整するかたちで、児玉の「陸軍総督府」構想は形式上、大本営の隷下にある出先機関に格下げされ、名称も「満洲軍総司令部」と改められました。そうして満洲軍総司令官には参謀総長の大山、総参謀長には児玉参謀次長が就き、東京で留守を預かる後任の参謀総長には山県、参謀次長にはその子分の長岡外史《がいし》が就くことになりました。

すなわち児玉は、元老山県の政治力の前に一度は屈服を余儀なくされたわけです。しかし児玉は、「満洲軍総司令部こそ大本営である」という考えを以後も改めませんでした。そして当初は大本営に帰属する予定だった第三軍の指揮権を、桂に直談判して満洲軍総司令部に強引に移し替えてしまったのです。

当然、山県にとってみれば、これが面白くありません。そこで「海軍の要請」を格好の口実に、旅順の第三軍の作戦に何度も口出ししてきたのです。つまり、「二〇三高地問題」には、こうした大山・児玉率いる満洲軍総司令部と山県・長岡率いる参謀本部の、陸軍全般の指揮をめぐる「主導権争い」がありました。日本の官僚組織の最も悪い面が出たともいえましょう。それにもかかわらず、乃木と第三軍司令部だけが大本営の要請を無視しつづけたかのようにいうのは、そもそも公平ではありません。

「情報」と「補給」の軽視

いずれにせよ、二〇三高地を攻略（十二月五日）した後も、それが旅順要塞の陥落につながらなかったことは、司馬氏のいう「乃木愚将論」の誤りを実証しています。実際、その後も守将ステッセルの抗戦の意志は衰えず、延々一カ月も主攻正面の戦闘は継続しました。

そしてもう一つ、司馬氏の「乃木愚将論」の誤りが明らかになっています。従来、二〇三高地の攻略後、第三軍は山頂に直ちに観測所を設け、二十八センチ砲による砲撃で湾内の太平洋艦隊を壊滅させた、とされてきました。戦後の映画や小説などにも、この瞬間は名場面として繰り返し描かれています。しかしこれは、「神話」にすぎません。実際はロシア太平洋艦隊は、八月十日以来の海軍重砲隊による攻撃や同月十日の「黄海海戦」により上部構造物が破壊され、すでに戦闘能力の大半は喪失していたのです（別宮・前掲書など参照）。

もし日本海軍がまともな情報活動を行ない、旅順市街に有能な諜報員が潜り込んでいれば、そんなことは簡単にわかっていたでしょう。前に見たように、児玉源太郎が一時、乃木から第三軍の「指揮権を預かって」、二〇三高地の陥落に貢献したことは、たしかに象徴的には重要なことでした。しかし、すべては日本軍の諜報能力の低さがもたらした悲劇だったことを忘れてはならないでしょう。

海軍の情報力の低さ、ということで、さらに大きな問題なのは、海軍軍令部が唱えたバルチック艦隊の日本海への到着予想は大幅に外れ、実際は旅順陥落後の五カ月も後であったことです。とくに明治三十七年十月半ばに「バルチック艦隊がリバウ港を出港した」との情報をつかんで以来、海軍はマスコミを使って国民の恐怖心を煽り、「早く旅順を落とせ」の一点張りで乃木批判を巻き起こしましたが、その責任は重いといわざるをえません。なぜなら、海軍が急かしに急か《せ》したからこそ、乃木第三軍は膨大な兵士たちの犠牲に涙を呑みながら、「一日も早い陥落を」と、無理を承知で旅順を攻めつづけたからです。

もし海軍が本当にバルチック艦隊の正確な東航時期を知らず、またその情報をつかむ努力をしていなかったとすれば、「情報戦」の見地からいって信じられない怠慢というほかありません。

しかし、これは陸軍中央も同様です。旅順攻防戦が始まる前、軍中央は「旅順の守備兵力は一万五千、大砲二百門」と見積もっていました。しかし実際は、ロシア軍はその三倍以上の兵力を備えていました。軍事の常識として、攻撃側は防御側の三倍の兵力が必要といわれますから、第三軍は本来必要な兵力の三分の一以下で旅順要塞に挑まされた、ということになります。

おまけに、旅順要塞は大小の堡塁や砲台がベトン（コンクリート）で塗り固められ、それらを網の目のような塹壕で結んだ最新の近代的大要塞でした。そうした情報を事前にまったく察知できなかったのは、児玉ら満洲軍総司令部ないし陸軍全体の責任です。

さらに、乃木と第三軍司令部は旅順攻略にあたりもっぱら「肉弾」に頼り、「火力」を軽視したかの印象がありますが、これも事実ではありません。現実には、第三軍の参謀が砲弾の「補給」をいくら要求しても、児玉から「旅順は肉弾でやってくれ」と繰り返し断られる始末だったのです。そこには、そもそも半工業国のままで日露戦争という近代戦を戦わざるをえなかった明治日本の、いわば「国としての宿命」が象徴されているように思えます。

「情報」と「補給」の軽視——結局、乃木第三軍が置かれた苦衷の原因を求めるとすれば、この二つに尽きます。それを「ああ攻めればよかったのに」などと乃木の「作戦」の指揮の拙さに求めるのは、それこそ「愚か」のそしりを免れないでしょう。まさに「情報」と「補給」の軽視こそ、大東亜戦争の、あの大いなる惨禍をもたらしたことを思えば、それは、昭和の日本も歴史からまったく教訓を学んでいなかった、ということになるのではないでしょうか。

実際には、「いかなる大敵が来ても三年はもちこたえる」とロシア軍が豪語した旅順要塞を、第三軍はたいへんな砲弾不足に悩まされながら、常時五万人前後の寡兵で落としたからこそ、当時の世界は「乃木とその将兵が奇跡を起こした」

と震撼したのです。そして膨大な犠牲を出しながらも、第三軍の士気が少しも衰えなかったのは、ひとえに乃木の「統率力」の賜物でありました。旅順攻囲戦を結論づければ、その勝利は、むしろ「乃木だからこそ」成し遂げることができた、とさえいえると思います。

「明治の精神」に殉じる

旅順陥落後、水師営で乃木とステッセルの歴史的会見が行なわれました。このとき、前述のように、乃木はあえてステッセルに帯剣のままでの降伏調印を許し、広く世界にその「武士道精神」を称えられたことは有名です。司馬氏はこれを「芝居じみたこと」と批判していますが、そこには、降伏に際しては「敵将に武士の名誉を保たしめよ」との明治天皇の勅命が伝えられていたことを忘れてはならないでしょう。そして明治天皇とその御心《みこころ》を体した、乃木のまさに「日本人のこころ」に、このニュースを聞いた世界中の人々が感動したのです。

すでに見たとおり、明治三十八年（一九〇五）九月、外相小村寿太郎の頑張りでポーツマス講和会議がなり、第三軍にも凱旋命令が出されて、翌年一月、乃木は故国の土を踏みました。東京市民の熱狂的な歓迎を受けた後、乃木は宮中で行なわれた天皇への復命書の朗読で、明治天皇に対し、多くの戦死者を出したことを深く謝罪し、「かくの如き忠勇の将卒を以てして、旅順の攻城には半歳の長日月を要し……」と自分の責任を重ねて詫び、天皇の御前でむせび泣いたといわれます。

以後、乃木は、「陛下の忠良なる将校士卒を多く旅順に失い申す」ことを「終生の遺憾」とし、残されたあと六年余の命を日露戦争で戦死した将兵の魂を慰め、また遺族と傷病兵のためにできる限りの援助をすることに捧げたのです。

難攻不落の旅順を落とした「日露戦争の英雄」として、乃木が長野師範学校で講演を求められたときのことです。乃木はいくら勧められても壇上には登らず、その場に立ったまま、「私は諸君の兄弟を多く殺した乃木であります」とひと言いって絶句し、滂沱《ぼうだ》の涙を流しました。これを見た満堂の生徒と教師らも、泣かぬ者はいなかったといいます。少しも己の功を誇ることなく、ただ多数の将兵を死なせた責任を痛感して慟哭《どうこく》する乃木の姿に、人々は深く感動したのです。

明治四十年（一九〇七）一月、そんな乃木を明治天皇は学習院長に任じます。

翌年四月、裕仁《ひろひと》親王（後の昭和天皇）と二人の弟宮が学習院初等科に入学されました。明治天皇が乃木を学習院長に任じたのは、皇孫の教育を託せる相手は、乃木以外にいない、とお考えになったからでしょう。

日露戦争後、日本は軍部だけでなく一般市民までもが「大国ロシアに勝った」と浮かれ騒ぎ、早くも奢侈《しゃし》と安逸の風潮が蔓延するようになっていました。話は飛びますが、今から二十年ほど前の一九八〇年代後半、日本人は「経済大国になった」と慢心し、バブル景気に浮かれていましたが、ちょうどそれと同じような世相だったとみてよいでしょう。乃木は人一倍そんな風潮を憂い、たとえば小学校の児童三千人を集めた訓話の際に、子供たちに次のように語りかけています。

「驕《おご》りに傾くのは、お国の将来のために真に嘆かわしいことであります。どうか皆さんは質素剛健の徳を積んで、どこまでもお国を滅ぼす最も恐ろしい敵である、奢侈や安楽と戦う覚悟をもってもらいたいものです」。

この国の未来に対して、明治天皇はこうした乃木の危機感と同じものをおもちでした。そして乃木が、幼い昭和天皇に、まさしく「勤勉」と「質素」の大切さを徹底して教育したのも、明治天皇の思いを体してのことだったと思います。

明治天皇崩御ののちの大正元年（一九一二）九月十三日、「なぜか将軍だけは弾が当たらない」と戦場で兵士たちから不思議がられた乃木にも、ついに最期のときがやってきました。

午後八時、明治天皇の御遺体を乗せた御霊轜《れいじ》（棺を乗せた車）が天皇の崩御を悼む市民が詰めかける宮城を出発、合図の号砲が放たれると、自宅にいた乃木は宮城の方角を拝し、古式に則って切腹、明治天皇のあとを追って自決を遂げました。享年六十四。妻静子も行をともにして自刃しました。乃木の殉死については、これまで多くの碩学がさまざまな意味づけをしてきました。しかし、あえてそこに私なりの解釈を付け加えると、そこには後世に向けての「警醒《けいせい》」という意味が込められていたのではないかと思います。

本書の第一章で紹介したように、吉田松陰や幕末の志士たちは皆、楠木正成を深く崇敬していましたが、乃木も同じです。正成が息子正行と別れた「桜井の駅」（現大阪府三島郡島本町桜井）には、今日、乃木の揮毫《きごう》による「楠公父子訣別之所」の碑が建っています。無謀な作戦と知りつつ、「尊王の大義」に殉じるべく従容として湊川へ赴いた正成の生き方は、数百年の時をへだてて、幕末の志士たちの感動を呼び起こし、彼らの行動の源泉となりました。実にそうした「楠公精神」が明治維新を成し遂げ、大国ロシアを打ち破って日本の独立を守った原動力の一つでもあったのであり、この日本の歴史をタテに貫く、まさに一筋の太い「水脈」が、そこにもあったといえるでしょう。このことを忘れて日本の近代、いや日本の歴史を語ることはできないのではないでしょうか。

しかし、日露戦争後この水脈は再び地下に没しはじめ、この国からはそうした気概が急速に失われようとしていました。だとすれば、松陰の死が多くの志士たちを奮起させたように、自らの死でもってこの国の人を覚醒させたい――。それが「明治の武士」としての乃木希典が貫いた天皇と日本国民に対する最後の奉公の姿だったのではないでしょうか。

では、その乃木の願いは、果たして叶えられたのでしょうか。もうすぐ、乃木がこの世を去って百年になります。この百年の間、日本は、さまざまな浮沈を経験しました。しかし一つ、たしかなことは、「日本人の生き方」が問われ続けた百年ではなかったかと思います。そしてこうした乃木の生き方は、戦後、唯一の拠り所であった経済力を喪失して茫然自失している現在の日本人に、己を虚しくして大義に殉じるという「明治の精神」の輝きを、いま再び思い起こさせてくれる時代を迎えているのではないでしょうか。

最終章

日本近代史の本質とは何か

――おわりにかえて――

「明治天皇をお偲びする展示会」（1985年10月、東京都千代田区霞が関ビル内の霞会館）にて鑑賞される昭和天皇［提供：時事］

敗戦後に禁じられた「楠木正成」

本書は「人物を中心に歴史をつかむ」ことを狙いとし、同時に「日本とは」「日本人とは」何かを考えていこうとするものですが、明治のリーダー像について語り終えたところで、ひとまず締めくくりとしましょう。

本書では明治日本について考えるために、誰が見ても一応、無難だと思えるような人物を取り上げてみたつもりです。しかし現在の日本人にとっては、もしかしたら「意外」と思われる人物や人物評価が目につく、と思われた人があるかもしれません。

たとえば、明治の日本について語るのに、なぜ、いきなり「楠木正成」が出てくるのでしょうか。その答えの一つとして、今からほんの七十年ほど前、すなわち昭和十三年（一九三八）に当時の東京帝国大学の学生を対象に行なわれた、「私の崇拝する人物」についてのアンケート結果を見てみましょう。その一位から九位までを順番どおり紹介すると、西郷隆盛、吉田松陰、ゲーテ、乃木希典、楠木正成、野口英世、寺田寅彦、パスツール、ベートーヴェンの順だったのです。また平成の日本人にとってはすっかり、なじみの薄くなった乃木希典は、実はあの万博の開かれていた昭和四十五年（一九七〇）頃になっても、ＮＨＫの調査「私の尊敬する人物」で、堂々四位に入る人気を保っていたのです（佐々木英昭『乃木希典』ミネルヴァ書房、二〇〇五年）。

これは一体、何を意味するのでしょう。

まず、楠木正成についてですが、先の東京帝大生の調査を見て、平成日本の平均的な歴史学者なら、「軍国主義の高まる一九三〇年代だったから、つくられた〝正成人気〟の影響があった」というかもしれません。しかし、明治三年（一八七〇）に日本に招かれ四年間、大学南校（東京大学の前身）で教えたアメリカ人、ウィリアム・グリフィスが書き残しているところでも、当時、学生や教師はもちろん、著名な政治家から一般庶民まで、日本人の多くは、グリフィスが、日本の歴史上、一番偉い人は誰か、という質問をすると、答えは決まって「楠木正成」だったということです（Ｗ・グリフィス『ミカド——日本の内なる力』岩波文庫、一九九五年）。では、なぜ今日、日本人の歴史イメージの中で、楠木正成の占める位置が、こんなに小さくなってしまったのでしょうか。

その原因は、昭和日本の悲しい歴史の中にありました。敗戦後の昭和二十年（一九四五）十二月、アメリカを中心とする連合国軍最高司令官総司令部（GHQ）が、日本の学校教育で歴史、地理、修身（道徳）の三教科を教えることを禁止する命令、いわゆる「三教科停止指令」なるものを発しました。そしてのちに、この三教科を一つにして、今ある「社会科」にまとめるのですが、翌年二月に、GHQの中の民間情報教育課（CI&E）というところが「教科書検閲の基準」という命令を定め、その中で、多くの日本史上の英雄を取り上げることを禁じ、とりわけ楠木正成を扱うことは強く禁じたのです（この検閲の細かな基準や楠木正成以外の「取り上げてはならない人物」などについては、片上宗二『日本社会科成立史研究』〈風間書房、一九九三年〉、あるいは高橋史朗／H・レイ『占領下の教育改革と検閲』〈日本教育新聞社、一九八七年〉を参照）。

もちろん、数年後には連合国による占領は終結したのですが、その後も、日本人の心の中では、占領期に行われたこうした厳しい検閲によってつくられた「日本史」の全体像が、さして大きく変わることはなく今日まで続いているわけです。占領下での検閲の経験が、その後の日本人の意識に及ぼした深い影響については、江藤淳氏の有名な『閉された言語空間』（文春文庫、一九九四年）という本が詳しく考察していることはご存じの人も多いでしょう。

それでは、乃木希典が一九七〇年代まで「尊敬する人物」として高い人気を誇ったのに、なぜその後、凋落していったのでしょうか。一つには、本書の中でも取り上げているように、一九七〇年代以後、一世を風靡した司馬遼太郎氏の『坂の上の雲』や『殉死』の影響かもしれません。しかし、もう一つ、より根本的には、戦後日本の高度成長という出来事が、前例のないほど強い物質主義の風潮を、日本人の心の中に流し込んでいったことが大きかったと思います。「精神主義の本家」とすらいわれた乃木希典を評価するには最も遠い日本、となっていったのです。

しかし今日、この国はほとんど〝唯一の誇り〟にしてきた「世界第二の経済大国」という地位を失い、おそらく早い時期に、三位から、四位、五位そして六位と、次々と低下してゆかざるをえない流れの中に置かれています。それゆえに、いま日本人は「明治」という時代に、かつてない熱い視線と関心を向け、この国の「来《こ》し方《かた》と行《ゆ》く末《すえ》」を見つめる必要があるのではないでしょうか。

われわれが歴史を読むとき、一番大切な着眼点は、「歴史を動かすもの」は、物質なのか、それとも人間の精神なのか、という問題意識だと私は思います。そして「モノか心か」は、われわれ人間と歴史をめぐる最大のテーマだからです。そして日本の近代史とくに「明治」を考えるとき、これこそ最も重要な視点ではないかと思うのです。私が本書を書いたのも、今このことを、多くの日本人に考えてもらいたいと思うからです。

「明治日本」を深く捉える視点

こうした考えを踏まえ、以下に本書の結びとして、「明治日本」を一層深く捉える視点を、私なりに示してゆきたいと思います。

これまで明治の代表的な人物像を大きく三つの類型に分けて語ってきました。

一つ目は、大久保利通や岩倉具視のような、二百七十年続いた「徳川の世」を終わらせ、天皇を中心とする新しい近代国民国家を一からつくり上げた人たちです。それはまさしく、この国の建国とされた「神武創業」に続く、この国の「第二の建国」であった、といっても過言ではないでしょう。

二つ目は、彼ら第二の「建国の父」たちの偉業を受け継ぎ、明治国家の完成に貢献した伊藤博文や私が「明治の三太郎（桂太郎、児玉源太郎、小村寿太郎）」と呼ぶ人たちです。とくに本書では、この「明治の三太郎」が、伊藤や山県有朋ら元老世代に比べて不当に低く評価されていることを問題とし、近代日本の「独立戦争」ともいいうる日露戦争の勝利と不平等条約の撤廃を成し遂げ、幕末・維新以来の国家目標を達成して新興国家・日本の主権と独立を確立した、その不朽の功績を強調してきました。

ここでは、とくに桂や小村などに対する戦後の歴史家たちの従来の評価がこれまで元老への評価に比べフェアなものではなかったことを大いに強調したいと思いますす。そして私としては、ここで述べた自身の解釈や評価には十分な自信をもっていますので、是非もう一度、多くの歴史家が再評価してもらいたいと思っています。

三つ目は、本書の第二章や前章で見た吉田松陰や乃木希典に象徴されるような歴史を動かした、というより日本人のありように大きな影響を及ぼした、いわば「こころの英雄」たちです。当然、西郷隆盛もここに入るでしょう。そして、明治天皇が何より愛されたのは、この三つ目の類型の英雄たちではなかったか、と思います。しかし、明治天皇や西郷隆盛は、あまりにもスケールが大きく、また深いものがあって、一、二章では語り尽くせないため、ぜひ今後の機会を期したいと思っています。

さて、これら三つの類型の人物たちは、それぞれ政治的立場や信条が微妙に異なるとはいえ、全員に共通するものがあります。それは、「こころざし」です。「こころざし」とは、私の言葉でいえば「自らのこころをみるまなざし」のことです。そして日本人にとっての「こころざし」といえば、「まこと（真心《まことのこころ》あるいは誠）」という以外にありえません。

「誠《まこと》」とは、誠実、忠実つまり「自らのこころに忠実に生きる」、あるいはつねに自ら「こころを見つめて」、本当の意味で「こころの赴くままに」生きる、ということです。そういうと、今日では我が儘《まま》に振る舞って生きることと誤解されがちです。しかし本来それは、仲間うちや世の中の批判や風潮にとらわれず、つねに自分の奥底にある「こころ」を見つめ、それを磨き、自己の、利害ではなく、「信じるところ」に忠実に生きることを意味します。こうした生き方を、かつて、いつの時代も、日本人は理想としたのです。

そうした「誠」を貫く生き方をした明治人は、それこそ山のようにいました。しかし、その多くは、残念なことに、現在の日本ではすっかり忘れられた人たちです。仮に、そうした人の名前が時々、話題になることはあっても、その人が「何をしたか」だけで終わり、その人が「何を思っていたか」、あるいはその当時の普通の人々が持っていた「思い」までは深く取り上げられません。

最近も、ＮＨＫのドラマで取り上げられたので、その名を知る人も増えましたが、たとえば日露戦争時の連合艦隊参謀であった秋山真之《さねゆき》の例が挙げられます。『坂の上の雲』でも、彼の具体的な行動や経歴は、よく扱われていましたが、彼の信念や国家像については、あいまいなまま終わっています。たしかに、彼がアメリカ留学時代に残した「一日自分の仕事、勉強を怠れば、一日国家の進歩が遅れる」という言葉は、明治人の気概を物語るものとして、紹介されています。そして、現代のわれわれは、祖国が生き残るために欧米先進諸国で必死に軍事技術を学ばなければならなかった当時の日本人の責任の重さ、あるいは悲痛さを感じるかもしれません。

しかし、当の秋山にしてみれば、そんな重苦しい気持ちは微塵もなかったでしょう。秋山にあったのは、ただ単に「自らの心に則して生きている」という、清々しい気持ちだったはずです。なぜ、そうだったのでしょうか。

一つには、新生明治国家は、それまでの封建社会と打って変わり、国民に職業を選ぶ自由を保障しました。そこで秋山が選んだのが、海軍兵学校に入り、軍人として身を立てることだったのです。伊予松山藩の下級藩士の家に生まれた秋山は、もし明治維新がなければ、封建社会の中で一生大きな仕事をなすこともなく終わったかもしれません。

たしかに、それは明治の日本人に大いなる迫力を与えはしました。しかし、それだけでは、単に「上昇志向」の強いエゴイストを大勢、生み出すだけに終わったことでしょう。そこに、周囲の人々、とりわけ弱い立場の人々に向ける「思いやり」や公共のためを思う真《しん》の「まごころ」は育たなかったはずです。そして「思いやり」の最たるものは、自己の一身を他に捧げてもよい、という「まごころ」です。明治という時代には、もちろん光と影の両面があることはたしかです。社会や国家による抑圧や犠牲が一切なかったとは、到底いえません。しかし、のちの時代には消えてゆくあの明治人に特有の潑剌《はつらつ》さの源泉はどこにあったのでしょう。それを考えることは、日本の近代とは、そして日本人とは何かを考えることにつながると思うのです。そして私は、あの時代を支えたものの一つが、長い歴史の中で日本人の愛してきた、この素朴な「まごころ」だったのであり、今日の日本人が、あの時代をとりわけ「まぶしく」感じるのも、そこにあるように思います。

日本人が戦略性を発揮するとき

それでは、明治の人々はそれをどこから身につけるようになったのでしょう。先ほどの秋山真之の例でいえば、彼が、あれほど清々《すがすが》しく明治国家のために一生を捧げえたのは、自然な「こころの働き」を善《よ》しとする感性の解放によるものだったと思います。それは、秋山と明治を代表する俳人・正岡子規との深い交流の中に見出せます。「澄み切った心」の大切さを教える俳句には、日本人の「まごころ」と通底するものがあったのです。そしてそれゆえに、秋山は、「智謀湧《わ》くがごとし」と連合艦隊司令長官東郷平八郎も評したほどの、「戦略の天才」となりえたわけです。

この東郷の言葉は実に示唆的です。なぜなら古来、日本人が、まさに「智謀湧くがごとく」に、最も合理的な戦略性を発揮できるのは、この己の「こころ」が澄みきったとき、まさに自然に湧いてくる、と考えていたことを示唆しています。自然に生まれる状態とは、つまり、「誠」を尽くしているとき、ということだと思います。

この「誠《まこと》」とは、単に誠実とか正直という倫理・道徳の次元にはとどまらない、もっと広くそして深い意味を持っているのです。それは、日本の精神文化すなわち日本文明の根元に通ずるものでもあると思います（この点について、日本の精神文化あるいは日本文明論の見地から詳しくかつ一層深く論じたものとして、中西輝政『国民の文明史』〈PHP文庫、二〇一五年〉を御参照頂ければ幸いです）。

しかし、このことを論じ出すと話があらぬ方向に逸れますので、ここでの本題に戻りますが、そもそも明治維新は、第二章で見たとおり、「至誠の人」と表現される兵学者の吉田松陰が西洋列強による侵略の脅威を前に、「開国進取」による「尊王攘夷」という全く新しい戦略を樹《た》てたことから始まりました。そしてその具体的な手立てとして松陰が考えたのが、既存の社会の枠組みにとらわれずに若者たちを集め、誠つまり「志と新知識をもつ日本人」へと教育することでした。その舞台が松下村塾です。そしてこの村塾で教育された自覚した人間が、国の行方と自分自身が深く一体と感じられるときの心、まさに「誠」の精神で、自己の利害や保身を省みない行動を起こす志を多くの若者たちが抱くことになったのです。このことによって、この国は列強に侵略される前のギリギリの段階で、新しい時代を迎えることができたのです。

自分の生き方の理想として、この「誠」の精神を貫くとき、人は他の人のため、そして国家のために何をすべきか、自ずと見えてくるといえましょう。

そして秋山を「智謀湧くがごとし」と評した東郷平八郎も、また、ここで言う「誠」の人でした。明治三十八年（一九〇五）五月の日本海海戦に先立つ御前会議の場で、明治天皇からの勝利の可能性は、というご下問に対して、東郷は静かにこう答えています。

「誓って、敵艦隊を撃滅し、もって宸襟《しんきん》（天皇の御心）を安んじ奉《たてまつ》ります」

そこには次の一戦で必ずロシアのバルチック艦隊を打ち破り、日露戦争を勝利に導く、という東郷の強い決意が表われていました。普段は寡黙な東郷があまりにも潔く断言したことに対し、傍らの山本権兵衛海相らは驚くと同時に、不安を隠せませんでした。なぜなら、当時の日本人の常識でいえば、天皇の前で誓ったことが果たせなかったならば、切腹してお詫びするほかないからです。

しかし、東郷はもとより己の生死のことなどは念頭になかったのです。そういうと、おそろしく武張った、何か猛りきったものを想像するかもしれませんが、そうではありません。

本当の「誠」の精神とは、松陰が獄中で詠んだ「世の人はよしあしごともいはばいへ賤《しず》（いやしい身の私、ということ――中西注。以下同）が誠は神ぞ知るらん」という歌に表われているように、どこまでも澄みきった、どちらかといえば、静かな心境なのです。そういえば、東郷平八郎も、この御前会議の前に、次のような和歌を詠んでいます。

「おろかなる（自分のことをへり下って）心に尽くす誠をば、見そなわしてん（見てください）天地《あめつち》の神」

この心境に達していたからこそ、天皇の前でも、ごく素直に先の言葉が出てきたわけです。まさにそういう澄みきった境地に達しているから——西洋流の合理主義を突き抜けてしまうような——曇りなき判断と、究極の戦略眼が得られたのです。大事を前にして、この境地に達すること、これこそ、日本人の本領なのです。日本にはこうした「心の文化」があったからこそ、日本人は西洋の技術を使いこなし、その成果をあれほど急速に体得しえたのです。

あの時代に、この「誠」の精神を重んじたのは、秋山や東郷など、軍人だけではありません。文人もまたそうでした。たとえば、夏目漱石は晩年、「則天去私《そくてんきょし》（天に則り、私を去る）」を唱えました。「天」というのはあるがままの自然、つまり、ここでいう「澄みきった心」のことで、「私」というのは利害得失を真っ先に考えてしまう濁った「エゴ」のことでしょう。古くから日本人は、つねに「こころ」を平安に、そして身の回りだけでなく心の中も清潔に保つことを大切にしてきました。明治の初年（正確には慶応三年〈一八六七〉）生まれで、秋山真之より一つ年上の漱石は、英文学の研究を経て、「近代西欧」や「個人主義」とさんざん格闘した揚げ句、日本人の精神の伝統の中にこそ、めざすべき理想の境地があることを晩年に至り悟ったのです。思い切った近代化・西欧化による大改革の迫力を受け止めたがゆえに、その向うに「日本のこころ」の精髄を見ることができた、これが「明治の精神」というもので、明治という時代を生きた当時の人々にとって、またそれは、誰でもごく自然なことでもあったわけです。当初は西欧志向の強い知識人でもあった漱石は、少々、気づくのが遅かっただけです。

同時に、こうした日本人の「こころのあり方」は、実に江戸二百七十年の精神文化が育み、完成したものでもあったのです。江戸期を通じて日本人は、古来の神道や仏教的なものに、新たに大陸から伝わった朱子学や陽明学を取り入れて熟成しつつ、各地で芽生えた実学や「心学」(石田梅岩のいわゆる石門心学など)とも融合し、まさに近代的、といってもよい一種の国民文化が育っていたのです。そしてそこからこのような心の「誠」を重んじる独自の精神のあり方も磨き上げられていったのです。「武士道」というのも、あえて言えばそうした江戸期に生まれた国民文化の一端にすぎません。

だとすれば明治の世こそは、圧倒的な西欧化・近代化の潮流の中にあって、その底流で江戸時代の遺した「最も良きもの」が最後に花開いた時代、むしろ「江戸文明の最高期《ピーク》」であったという言い方もできましょう。さらに言えば、平和が続いた江戸二百七十年をかけて、日本人はいったい何に勤《いそ》しんできたかといえば、それは、いかにして自分の「こころ」を磨いてゆくか、そしてこの心の文化つまり「誠」をいかにして己の身体にみなぎらせるか、ということだったといえるかもしれません。

何百年もの間、日本人はこのことに専心、意を尽くしてきたのです。そして、その成果をいちばん享受できた時代が、まさに明治という時代であったといえるでしょう。

国家を危うくするものとは

とはいえ、明治期はそうした日本的な「誠」の精神が発揮された一方で、漱石の例にも見られるように、西洋文明の怒濤のような流入により、同時に日本人の精神文明が激しく動揺した時代であることも当然ながら、否定できません。

実は国家指導者の中にも、こうした日本的つまり封建的な「誠」の精神のようなものは近代化には何の役にも立たないとして、もっと純然たる英米流の「功利主義」や「合理主義」の導入を積極的に図ろうとした人物がたくさんいました。

たとえば、陸奥宗光がそうでしょう。第二次伊藤博文内閣の外相として、日清戦争の外交指導を行ない、条約改正の実現に尽力した陸奥の手腕は、「明治の三太郎」の一人である小村寿太郎と並び称せられる場合があります。たしかに陸奥は「カミソリ陸奥」と評されたように、能力的には一級の人物でした。だからこそ藩閥外の紀州藩出身ながら、外相まで上り詰めることができたのでしょう。

しかし明治天皇は、小村に深い信頼を寄せられたのと対照的に、陸奥をあまり評価されませんでした。後世から見れば、陸奥が進めた英米流の「功利主義」「合理主義」の導入は、結果的に性急にすぎたのかもしれません。西洋のように「キリスト教的良心」の土壌の上に「功利主義」「合理主義」が花開くならばよいのですが、そうした精神的基盤がないところに、「功利主義」や「合理主義」を直輸入すると、日本人はたいへん危うい「物質主義」に走りやすいからです。

それは、戦後の日本を見ればよくわかるでしょう。明治天皇は陸奥を国家を危うくする人物と、判断されたのかもしれません。

反対に明治天皇は、西郷や乃木のような、まさに内村鑑三のいう「代表的日本人」を深く愛されたことは、よく知られていますが、意外な人物としては、谷干城《たてき》がいます。土佐藩の出身である谷は、坂本龍馬の薫陶を受けるなどして倒幕運動に邁進しています。明治政府樹立後は陸軍軍人として重きをなし、明治九年（一八七六）、熊本鎮台司令長官に再任されます（初任命は明治六年）。そして翌年の西南戦争の際は、西郷率いる薩軍一万三千の猛攻から熊本城を守り抜きました。谷はその功により、陸軍中将に昇進、陸軍士官学校長などを歴任しますが、山県有朋ら長州閥の汚職を激しく糾弾したために、やがて疎んじられて陸軍を離れました。

しかし、そんな谷の剛直で清廉な性格を、明治天皇は愛されたのでした。そして谷は、天皇の思《おぼ》し召しにより、第二代学習院長に就任します。このあたりの経緯は、やはり天皇の思し召しで第十代学習院長になった乃木と似ています。

さらに明治十八年（一八八五）、谷は農商務大臣として第一次伊藤内閣に入閣します。内閣発足当初、薩長藩閥以外から入閣したのは、谷と旧幕臣の榎本武揚《えのもとたけあき》だけでした（榎本は逓信大臣）。谷の入閣には、明治天皇の強いご意志が働いていたといわれます。

ところが谷は、井上馨外相が進めるいわゆる「鹿鳴館外交」を国辱だとして抗議の辞任をします。天皇の慰留を振り切っての辞任は、「不忠極まる」ように思えますが、かえって明治天皇は、谷を「真の忠臣」として一層、深く信頼されたといわれます。

興味深いのは、日露戦争時、谷が「民力休養」の立場から開戦に断固、反対したことです。やはり明治天皇も開戦に反対であったことは、諸々の史料からも推測できます。谷の行動は、何より「日本のこころ」そして明治天皇の御心を体してのものだったのかもしれません。

日本が本当に立ち直るには

今日、多くの日本人が誤解していることがあります。明治時代が「輝かしい」のは、いち早く西洋の合理主義、技術をわがものにし、日清、日露という大戦争に勝ち抜いて列強に肩を並べたからではありません。西洋文明の奔流にさらされる中で、本来の「日本のこころ」のあり方をつねに見つめ、「誠」を貫くことこそ、自らの持てる力を十分に発揮しうる道であり、それこそが己の生きる道だと信じた人間がリーダーたちだけでなく、庶民の間でも、次から次へと多数現われた時代だったからです。それゆえに、明治という時代が特別に輝かしく感じられるのだと思います。

そしてこれこそが「日本の近代」というものの本質だったのであり、このことをしっかりと踏まえていないと、日本の近代史は語れません。また、それだからこそ、この「日本の近代」のピークとして明治という時代を、今われわれが顧みるべき貴重な価値があるといえるのです。

誤解を恐れずにいえば、長い歴史の中で、戦争の勝ち負けなど、たいした問題ではありません。げんに明治天皇が最も深く信頼を寄せられたのは、日露開戦に反対した谷であり、西南戦争で敗れ去った「叛徒の首魁」西郷であり、軍旗を失った「恥辱の臣」乃木だったのです。この三人がいずれも西南戦争の「主役」であったことは注目されます。明治維新から十年、この「日本の岐路」となった大規模な内戦により、日本人は再び精神を鍛えられる機会を得たのです。そして、その西南戦争で交錯したこの三人を、明治天皇は、近代化、欧化の一辺倒に流れる中で、最も貴重な「日本のこころ」を受け継ぐ者として、国の宝とされたのだと思います。

しかし、前章でも見たように、日露戦争の勝利後、この国には奢侈と安逸の風潮が蔓延してゆきました。ひと言でいえば、日本人は堕落してしまったのです。それゆえ、この国の未来に対して強い危機感をおもちになった明治天皇は、明治四十一年（一九〇八）、日本人の奢侈と慢心を戒める詔勅（戊申《ぼしん》詔書）を出されました。さらに学習院に入学した皇孫（のちの昭和天皇）の教育を乃木に託します。そして乃木はまさに全身全霊を込めて幼い昭和天皇に、「勤勉」と「質素」の大切さを教育しました。

もちろん、現代のわれわれは、その後の日本が辿った「昭和の悲劇」を知っています。その端緒は、明治天皇や乃木、あるいは例の「三太郎」らが一斉に日本の歴史の舞台から消えた後の大正期とくに日露戦争と第一次世界大戦の間の十年ほどの間に、すでに表われていました。第一次世界大戦ではヨーロッパが主戦場になったため、直接戦争の惨禍を被らずに済んだ日本は、空前のバブル景気に見舞われ国中に「にわか成金」が現われました。当時の日本人の堕落ぶりは相当なもので、とくにカネのためには何をしてもよい、とばかりに多くの粗悪品を輸出しては欧州人の恨みと軽蔑を買う有り様でした。イギリスの新聞ははっきり書いています。「戦争が終わったら、日本をどうするか。今にみていろ」と。極端に言えば、「昭和の大戦」という近代日本の悲劇の種は、このときに播《ま》かれていたといっても過言ではないでしょう。

それゆえ、第一次大戦の「最大の敗戦国」は日本だったといえるかもしれません。日露戦争の戦勝に続く「大正バブル」でさらに傲慢になった日本は、その後、危うい国際的孤立を招いてしまいました。その意味では、明治天皇や乃木の危惧は、現実のものとなってしまったといえます。では、明治天皇や乃木の思いは、むなしいものにすぎなかったのでしょうか。

そうではありません。明治に完成した「日本人のこころ」のあり方は、敗戦後も一人の人物に受け継がれていました。それは、昭和天皇です。あの昭和天皇の謙虚で実直そのものの、もの静かな佇まいに接することで、戦後、日本人はこの国にとって本当に大切なものは何かを、かろうじて忘れずに済んだのではないでしょうか。そして平成の世となった今でも、同様に今上天皇のあの佇まいの中に、日本人は本来の「こころのあり方」を見出すことができるのではないでしょうか。

明治天皇と乃木がこの国に残したかった「明治の精神」は、今もこの国にかろうじて伝わっているのです。

ここで私が思い出すのが、第二次大戦の直後、英首相チャーチルがいったと伝えられる次のような言葉です。その中で彼は、この戦争で日本は甚大な被害を受け、日本という国が滅茶苦茶になってしまった。そして「これだけの大敗戦を経験したのだから、日本が元のまともな国に戻るには、今後百年はかかるだろう」と喝破したそうです。

たしかに戦後日本は、いっとき戦後五十年にして、経済大国として繁栄を謳歌した時代がありましたが、現在の日本は「戦後唯一の誇り」の源泉であったその経済力を喪失し、いまや精神的な拠り所を何ひとつ見出せないでいます。その意味では、日本と日本人が真の復活を遂げるのは、チャーチルのいうように、もう少し時間がかかるのかもしれません。

「戦後百年」として、現在六十余年が過ぎましたから、あと三十数年。これを遠い先のことと思うか、歴史の一瞬の出来事と思うかは、その人の残された寿命によっても異なるでしょう。しかし、いずれにせよこの先、この国が本当に立ち直ることができるとするならば、それは日本人が本来の自分、つまり「日本人のこころ」を取り戻したときでしかありえないと思うのです。平成の時代に喧伝されたような「人の心」を問わない「制度改革」を繰り返せばこの国がよくなるというのは、幻想にすぎなかったのです。そして、今日の日本がもう一度ここから立ち上がるためにも、明治という時代、そして日本の近代とは何だったのか、とりわけその時代を導いた「日本のこころ」について、今こそ深く考えるときではないかと思うのです。

そしてまた、それゆえに、その「こころ」の持ち主である個々の人間に焦点をすえて歴史を学ぶ意義も、そこにあるのです。

著者紹介
中西輝政（なかにし　てるまさ）
1947年大阪府生まれ。京都大学法学部卒業。ケンブリッジ大学大学院修了。京都大学助手、三重大学助教授、スタンフォード大学客員研究員、静岡県立大学教授を経て、京都大学大学院教授。2012年に退官し、京都大学名誉教授。専門は国際政治学、国際関係史、文明史。1997年『大英帝国衰亡史』（PHP研究所）で第51回毎日出版文化賞・第6回山本七平賞を受賞、2002年正論大賞を受賞。著書に『日本人としてこれだけは知っておきたいこと』（PHP新書）、『覇権からみた世界史の教訓』『国民の文明史』（以上、PHP文庫）、『アメリカ外交の魂』（文藝春秋）、『帝国としての中国—覇権の論理と現実』（東洋経済新報社）など多数がある。

本書は、2010年4月にＰＨＰ研究所から刊行された『日本人として知っておきたい近代史（明治篇）』を改題の上、加筆・修正したものです。

PHP文庫　近代史の教訓
幕末・明治のリーダーと「日本のこころ」

2022年10月4日　第1版第1刷

著　者　中西輝政
発行者　永田貴之
発行所　株式会社PHP研究所
東京本部　〒135-8137 江東区豊洲5-6-52
PHP文庫出版部　☎03-3520-9617(編集)
普及部　☎03-3520-9630(販売)
京都本部　〒601-8411 京都市南区西九条北ノ内町11
PHP INTERFACE　https://www.php.co.jp/
組　版　有限会社エヴリ・シンク
印刷所
製本所　図書印刷株式会社

ISBN978-4-569-90264-7

PHP文庫

覇権からみた世界史の教訓

中西輝政 著

大英帝国、アメリカ合衆国、次に世界を制するのは？　混迷する国際情勢を生き抜くヒントは歴史にあり！